# 脱サラ作家の国際人論

後山 茂
Shigeru Atoyama

ふくろう出版

# はじめに

退職してから自分なりに今までを振り返ってみたいと思っていました。事実上の定年である六十五歳までの三年間に何ができるか自分で試してみようとしました。

考えてみれば、中学一年の時に英語の先生からＮＨＫラジオ番組「基礎英語」のテキストを紹介していただいたのが、私が海外を意識した始まりかも知れません。社会人になって貿易関係の仕事に携わり、海外というものを実感しだして、日本あるいは日本人の国際化というものを強く意識するようになったのでしょう。

会社員として自分やその家族が生きるために一生懸命働いたつもりですが、時間を見つけ出して、それと共に日本や日本人は将来どうなるのかと考えることがありました。平凡なサラリーマンである私がそのようなことを考える必要があるのかとも思いました。そうであってもそれなりに自分が生きる上で学ばなければならなかったことや、生き方や考え方についてメモを残してみました。これを整理してみると、私なりの日本人観というものが浮かび上がってきました。

私の考える現代の平均的な日本人像と国際人像との距離はどのくらいあるのだろうかということと、私はその中でどの位置にあるのかを知ろうと思っています。二十一世紀のグローバル化した世界で生きるための人間像を「国際人」と定義づけたのですが、日本人はいかにしてその国際人に近づけるのだろうか。私は自分なりの考えでこの命題に向かって進んできたような気がしています。

本書では社会人になるまでに学んだことから会社員時代のことや退職したあとの出来事に関することまで、私の記憶に残っていたものを絞り出してみました。教育に関するものや国際文化の比較や会社員として過ごして心に刻み込まれたものを個別テーマごとにまとめています。合わせて最近の時事・政治テーマについても述べています。これは国際人であればこう考える、あるいはこう考えるべきという視点から私論を展開したものです。

国際人とは何かを漠然と思いつつ、そのような人になるためにどうしたのかを自分なりに記録したものということでもありますが、少しでも国際人に近づいたのであろうかと、自問しながらの日々でもあったわけです。

本書は、日本人が「国際人」となるための思考や行動について、私なりに提言するものでありますが、読者諸氏がその提言に何らかの意義を見いだしていただければ、著者としてこれに過ぎるものはありません。

# 目次

第二章　国際比較してみれば　33

第四章　生活のための実践指針 133



第五章　国際人の時事・政治論 159

# 第一章　教育論としてのエッセイ

# 稲葉教授の期末試験

私の学生時代の四年間を振り返った時、いろいろとなつかしいと思うことがあるのですが、こと試験に関していえば、どうしてもある期末試験のことを思い出すのです。

神戸大学経営学部の二年後期の試験で、時代は一九七〇年代の半ばです。工業経営論は稲葉裏教授の講義でした。九時開講の一時限目です。私は大阪市内から通っていましたので、大阪市バスと阪急電車を利用して通学時間は約一時間三十分でした。専門課程という意味では経営学部といっても二回生の後期がスタートで、それまでの教養部からの進級後の初めての学期ということや、専門課程の目新しい授業ということもあって、興味ある授業の一つでした。

ある日、朝寝坊をして授業に遅刻しそうになりました。阪急六甲駅に着いたのが八時五十分頃でした。六甲台にある教室には歩いてまともに行けば二十分程度は必要です。意を決してタクシーに乗ることにしました。幸いすぐに乗れて、教室には二分くらい前に入れました。とはいえその日の昼飯代はタクシー料金に消えてしまいました。当時は稼がず使わずの学生であった私の財布は、残り数百円もありませんでした。

こんなことがあるくらいでしたから、稲葉教授の講義には一回も休まずに出ていました。楽しい話が毎回聴講できました。教授得意のイギリス産業革命の歴史的段階ごとの分析や雑談のようにして出てくる日米の自動車メーカーの経営や工場管理などの比較論などが印象に残っています。

合わせて面白かったのが世間話のようなものです。たばこはやめろ。やめたそのお金の半分を寄付しなさい。大学の職員など四分の一に減らせる。職員数はピーク時に合わせているのだから、それ以外の通常時は四分の一、いや五分の一に減らせる。君たちはそう思うだろうし、そう思わないと経営的な見る目がないということだよ。などなど、今でも処世訓としても生き残れそうなものがあります。

楽しい講義も二月の後期末試験をむかえようとしていました。週二回(各百分)で四単位の講義の試験が近づいてきたことを感じたのは、一月の下旬に入って急に受講生が増えてきたからです。二百五十名(?)は入れる大教室に、常連は十名程度でしたが、ラスト二回目という講義には百名近くはいたでしょうか。そして試験前の最終講義は百名は軽く超えていたのでした。

教授は最後に、

「今度の試験は資料の持ち込みをOKとする」

と言われて、講義は終了となりました。

この教授のことばに私は困りました。なるほど講義テキストはそれなりに読んだものの一冊のみですし、これから教授のその他の本をいろいろと集めるというのも大変だと思いました。講義を面白く、楽しく聴講していたものの、いざ試験準備となると心細いものでした。

いよいよ試験の当日が来ました。講義テキストと数冊の資料を用意しました。資料の持ち込みがＯＫとなると気が緩んでしまうことがありますが、その不安が的中しました。

試験は小問五題が出題されました。各問とも「何々（テーマを四～八文字程度で）について記せ。」だったような気がします。この問題を見たとたんに頭が白くなりました。出題形式もそのテーマも全く予想と違うものでした。

心を落ち着かせて、どう回答しようかと考え始めたところ、試験教室に稲葉教授が入ってきました。私がいた試験教室は百名程度が入れる大きさでしたが、おそらくは全部で数百名が受験していたと思われますので、他の教室でもこの工業経営論の試験が行われていたはずです。

教授は入室するなり、

「君たち、資料持ち込みはダメだ。資料をしまいなさい」

とどすの効いた声で言われました。教室は一瞬小さなどよめきがあり、その後ある学生が、

「先生、前の講義で持ち込みはＯＫと言われました！」

と叫びに近い声とともに立ち上がりました。教授はすぐさま、

「君たち、資料を持ち込まないと答案が書けないのか！」

と一喝しました。ざわめきがあったものの一分も経たない間に教室は静まり返りました。

その後教授は受験番号(座席番号といってもいい)の早い席から順番に学生が答案を書いているその席の横を歩いて回りました。私は、自分が試験問題を見たと同時にどうもいい答案が書けそうにないと直感したので、何となく教授と視線を合わせるのはばつが悪く、うつむき加減でした。とはいえ、教授が私の席の右横を回ってこられたときには、顔を上げて教授を見ました。教授は目が合うとすぐに私の答案用紙とその上のほうにある受験番号とに目を移したように感じました。そして無言のまま通り過ぎたのです。

三十分経過の合図のカンカンカンという鐘が鳴りました。試験時間は九十分か百分だったと記憶するのですが、最初の三十分間は退室が認められません。この鐘の音とともに教室内の学生がどっと席を立ち、退出していきました。「試験放棄」というやつです。周りを見渡すと残った学生は二割は超えたが、三割はいなかったような記憶が残っています。

私は頭を抱え込んだまま、講義中の話を思い出そうとしていました。

「ああ、思い出せない。ちくしょう！」

と心の中で叫びました。なぜもっと勉強しなかったのだろうか、持ち込みに頼ろうとしたのはなぜだったのかと後悔の念でいっぱいでした。毎回講義に出席していながら情けない答案しか書けないのか。教授に申し訳ないと共に恥ずかしい。こんな思いの繰り返しで何十分も経過したのでしょうか。時計を見るとあと二十五分か三十分しか残っていないことにはっとしました。意を決して鉛筆をくねらせることにしました。試験時間ぎりぎりまで答案用紙に書き込み、試験終了の合図を聞いた時には、疲れなのか後悔の念なのか、脱力感でしばらくからだが動かせなかったのです。

　教室を出てからようやく試験のことを振り返ることができました。考えがまとまらずに六甲台のキャンパス内を歩いていたところ、ふと頭によぎったのは、稲葉教授はなぜ持ち込みはダメだといい、答案を書いている学生の席の横を見回ったのだろうか、ということでした。しかも答案用紙と受験番号とをじろっと一瞥したのだろうか。今までに試験の机のすぐ隣にきて顔と試験番号を見ようとした先生に遭遇することはありませんでした。

　十五分か二十分のあと阪急六甲駅にたどり着いて、ようやく翌日の試験準備のことを考えられるようになりました。明日の試験では後悔しないように今日頑張ろうと思ったとたん、ふと、

「教授は私の顔と受験番号を確認しにきたのだ！」

と思い当たりました。私ばかりではなく、毎回講義に出席した学生とその受験番号を確認しに教室を回ったのではなかったのだろうか。私がいた試験教室以外でも教授は同じことをしたのだという思いは、もはや確信のようなものになっていました。教授は講義の毎回出席者であるおよそ十人の顔を覚えていて、その学生に良い成績をつけようとしたとしか考えられませんでした。

待てよ、受験番号と顔を一瞥しただけで、メモもとらずに間違うことはないのかと身震いしました。いやメモをとるわけにはいかないはずです。メモをとれば教授のやろうとしている意図が悟られかねません。教授が一瞥し、それを記憶することによって成績をつけることができるのであり、そういう方法を取らざるを得ません。その時これが大学の先生なのだと感嘆しました。

四月の新学期になり六甲台のキャンパスで最初に稲葉教授に朝のあいさつをした時、私はおはようございますと一礼したところ、

「おはよう、君、頑張っているかね」

とのことばをいただきました。

工業経営論の四単位の成績が優であったということは、もはやどうでもよいことであり、教授が私のことを覚えてくださっていることのほうがはるかにうれしいことでした。私の心臓が思わずぱくぱくしたことは、その後も時として私の脳裏に蘇ってきました。

大学の期末試験はそれまでの小学校から中学校、高校の試験とも異質です。とはいえ、この稲葉教授の試験は私の受けた試験のなかで最も異質のものでした。あの時の試験は答案を書いた内容が評点されるのではなく、教授と学生との心の引力を計るものだったと、今でも疑う余地なく言い切ることができます。

## 高校のカリキュラム

私が卒業した高校の恩師で三年の担任の先生からの話です。一九六〇年代半ばのことのようです。随分昔の話のことですが、古きよき時代の教育事情の一端を覗けるのではないかと、敢えて取り上げてみたいと思います。

私の母校は大阪府下では分類としては進学校ということになっておりました。当時は大阪府の公立高校は五つの大学区に分けられていました。その第一学区のある公立高校の先生方が第二学区にある母校を訪れて、母校の先生方に直接会ってカリキュラムやその他のことについて情報入手したいとの趣旨でした。

カリキュラムといっても要するに時間割です。一日何時限あって、各教科・科目がどうなっているかというものです。たとえば、母校では二年生の場合では、特に文系と理系の区別なく、国語(現代国語と古典)が五時限、数学六時限、英語六時限、社会(日本史B、世界史Bが各三時限)六時限、理科(物理B、化学Bが各三時限)六時限、体育三時限、芸術(音楽、美術など選択)二時限、ホームルーム二時限などというものです。月~木が六時限、金が七時限、土曜が四時限、これに月~金の各十分で計一時限で週間三十六時限(少し注釈が必要ですが、省略)だったと記憶しています。

　その某高校の先生方が母校の先生方に、

「お宅のカリキュラムはどうなっているのですか？」

と質問したとのことです。他にも質問はされたのでしょうが、これが一番聞きたかったのです。

これには母校の先生方は、

「今お見せした時間割の通りです。一年から三年までその通りやっております」

と答えたのです。お見せした時間割というのは、たとえば前述した二年生の時間割表のことです。一年生用と三年生用も見せたのでしょう。内容については推して知るべしです。

　某高校の先生方は、にやにやしながら待ってましたとばかり食らいついてきました。

「その表でしたらお宅に伺う前に知っていました。そんなカリキュラムでなんでこんないい進学率になるんですか。なんでそんな有名大学にたくさん入れるんですか。失礼ながらそんな説明を聞くためにわざわざ訪問したのではありません。頼みます。本当のところを話していただけませんか。お願いしますわ」

と懇願したようです。

　母校のその恩師、

「うそもほんまもありません。この通りそのまま授業をしているんです」

とずばり答えたところ、某高校の先生方はぽかーんとしたままで二の句が継げなかったとのことでした。そして、ほうほうの体で帰っていかれたとのことです。

時代は変わりました。カリキュラムも五十年前と今とでは変わって当然です。しかし変わらないものがあってもいいと思います。今は多くの高校では大学の受験科目に傾斜したカリキュラムになっています。かつ、その傾斜したカリキュラムすら表向きのことで、実際は更にそれを変形したカリキュラムが横行しているのではないでしょうか。実質的に文科省の指導要領など教育指針をないがしろにしているのではないですか。

そもそも高校時代くらいまではいろいろな教科科目を広く履修するのが適切というのが、少なくともわれわれの高校時代の一般的な先生の考え方であったようです。進学に重点を置く高校の先生方の多くは、生徒たちがそれなりのいい大学に入ってくれることを願っています。一方で、その生徒たちが将来更に成長するために、高校教育の段階で広く、入試科目にこだわらず、教養を含めたいろいろな分野の学習も心がけるべきとの信念を実践していたようです。

「高校までは広く勉強したほうが、大学に入ってから伸びるんです。文系や理系もそんなにコースを早く分ける必要はない」

と言われていたのは、頭脳明晰な母校の物理の先生でした。

まだ気楽な時代だったのですね。近年の進学重視の高校では、先生方が受験指導にしゃかりきになっています。一体どう比較すればいいのでしょうか。規則をまげて、ごまかして隠して受験を優先した授業をしなければならないのでしょうか。文科省の「学習指導要領」が適切かどうかは別にして法令・諸規則をまげてまで受験指導しなければならないのでしょうか。たとえ受験にはいいとしても、将来その教え子は伸びないのでは、などと学校教育とは直接係わらない私でも考えることがあります。

世の中が簡単な理屈だけで割り切れると思うほど私も単純でもバカでもありません。ただ、子どもの将来を考えるのであれば、受験に偏った教育ではなく、本来の教育哲学や方針に近づける努力をすべきではないでしょうか。近頃は英語とか体育を含めて教育に対する基本的な考え方が大きく変化して、更に高校のカリキュラムに影響を与えてきているようですが、なんとかならないものでしょうか。いかに進学を重視した高校であったとしても、その学習は大学受験だけのものではないのですから、せめてカリキュラム(あるいは実際の授業)ぐらいは本来の姿に戻してもいいはずだ、などと考えてしまいます。

五十年ほど前というのは大いなる昔と思えてなりません。

## 品行方正、学業優等

昔は小学校に「品行方正、学業優等」ということばがあったという。大正六年(一九一七年)生まれである私の父親からは、このことばをよく聞かされたものです。父親の小学校の時代はこの品行方正、学業優等で表彰されることが大変な名誉であったようです。

もちろん昭和二十七年生まれである私などはこのことばを小学校で実際に聞くことはなかった。小学校では学級委員はいたが、品行にも学業成績にも関係なく、実質的には人気投票で学級の世話役的担当者を選ぶ。高学年の四年になると児童会という学校(高学年)全体組織があった。この役員も人気投票で決まる。

品行方正というのはどういうことかと思ってしまうのです。「行いが正しくきちんとしていること」などといっても訳が分からないのですが、「まじめな人」に近いイメージでしょう。学業優等は成績優秀者とすれば、クラスでまじめで成績優秀な人が表彰されることになります。五十人程度のクラスであれば一人か二人だと父親は言っていました。

私の小学校時代である昭和三十年代半ば以降は既にこのような制度はありません。戦前の産物といえます。私は大阪市内で二百校を超える数の小学校の中で、学業成績があまり芳しくないなどといわれた市立小学校に在籍していましたが、これに該当するような児童はいたのでしょうか？いや、どのような選抜方法があったのでしょうか。

学業優等はある明確な基準で選べるにしても、品行方正はどのような基準があったのでしょうか。昔というか戦前は担任の先生や校長先生がこうだと決定すれば、だれも文句を言う人はいなかったのでしょう。形式的にはどうか知らないが、戦後の実質的なＰＴＡもなければ、教育委員会もなかったはずです。親も納得していたのか、納得させられていたのか、少なくとも表面的には「優等生」の選抜でごたごたはなかったと思われます。

児童本人や保護者もあまり関心がなかったのでしょうか。戦後の学級委員のように選挙のかたちをとるのではなく、先生のひと言で決定されるわけです。どうせ優等生はうちの子どもには関係ないと思う保護者が大勢だったでしょうから、他人ごとのように感じている大人がほとんどで、だれに決まろうがどうでもよかったというべきでしょう。おまけに、先生に逆らうことなど考えも及ばなかった時代です。

ここで、逆説的ですが、興味深いと思われる話があるのです。現代の米国にもよく似た制度があることです。ハイスクール(高校)の女性チアリーダーです。私が英語・英会話の勉強で若干ながらも力を入れていた一九七〇年代から一九八〇年代半ばまでに、テレビの英語番組で米国人講師などからチアリーダーの話が何回か出てきました。

アメリカンフットボールの試合の応援で出てくる、あのチアガールです。何せ成績優秀かつクラスでの人気者です。この二条件が必要だというのです。「品行方正、学業優等」に近いですね。いわく、まず成績優秀者であることが必須条件です。したがって、クラス(学年?)での学業成績が下がると資格を失い、他のクラスメートに座を奪われます。チアガールになるためにはまず学業を頑張るのです。その点は品行方正が第一とする戦前の日本と違っています。そして、みんなの人気者である必要があります。

「品行方正、学業優等」を復活する必要はありませんが、まじめでクラスで人気があって学業成績もいい子どもを育てることにだれも文句を言う人はいないでしょう。米国のチアガールのようにまず学業が優先されるかどうかはさておき、学業成績優秀とそのほかにも学校で人気があるとかスポーツができるというのはいいことです。そういう教育も決して捨てたものじゃないと言いたい。現代の国際基準からみても一つの教育哲学と考えるべきでしょう。

## 大学四回生の試験答案

社会人になり、本格的に部下を持ち始めたころ、近頃の新入社員はわれわれの時代とも変わってきているなと思いだしたころの話です。一九九〇年代の初めです。大学の同窓会の会報（季刊誌）に目を通していたところ、ある教授のつぶやきのようなものが投稿されていました。今ならツイッターのつぶやきというより、ぼやきといったほうが適切なようです。

その教授いわく、近頃の期末試験の答案をみていると、三回生と四回生の区別ができるというのである。なぜそんなことが分かるかと思ったところ、最近の四回生の答案にはその最後のところに、

「どうかこの試験を通してください。この単位がないと卒業できないかも知れません。就職も決定しています。よろしくお願いします」

という内容のことが書かれてあるとの指摘でした。また、この現象は最近のことであって、以前の答案にはこのようなことは書かれていなかったというのです。

私は、さもありなんと思いました。さっそく会社で私の部下にそんな話をしたところ、「当たり前ですよ。単位が取れなくて卒業できなかったらえらいことですから。私の大学では

当たり前でしたし、私も何回もそんなことを書きました」

と屈託なく答えが返ってきました。私が息をのんでいると、

「先生に洋酒のボトルを持って行ったこともありますが、これもよくあることでしたね」

と追い打ちをかけてきました。

その教授は該当する四回生の答案にどのような評点をつけたのかは分かりません。その会報に教授は結局のところ、答案の評点をどうしたとは書いていませんでしたが、そのことを想像するよりは学生がなぜそんなことを書くようになってきたかを考えるほうに興味がわきました。

私であれば、単位不足で卒業に黄色信号が点灯しても、それを書くことはあり得ません。なぜかといえば、そんな格好の悪いことはしないからです。本当にその単位があれば卒業でき、なければ卒業できないのであれば、そんな恥ずかしいことを書く前に試験勉強したでしょう。

いや、そんなことは余裕のある学生が言うことであって、

「本当に単位で困ればあなたも『通してください』と書くはずだ」

と反論されそうです。私はそれでも書かないと思います。なぜなら、以前はそのような状況の四回生であっても、普通のほとんどの四回生は答案には教授への願いごとは書かなかったのです。私も普通の学生でしたし、書かなかったとしても不思議ではないのです。

多くの四回生諸君はなぜそんなことを書くようになったのでしょうか。悪くても優・良・可・不可（A／B／C／D）の「可」にはしてほしい。優・良はいらないのですから、その一点についてということであれば良い方法かも知れません。優・良ではなく、可でいいですから、単位だけはくださいというのが趣旨です。卒業を前にして単位取得させてほしいと懇願したい事情は理解できます。

ただ、私が問題だと思い、理由を考えたいのは、ずっと以前はそのような学生はほとんどいなくて、一九九〇年代初めには既にそのような答案が多くなっていたということです。なぜ、そのような答案を書く学生が増えたのでしょうか。

試験の答案と学生個人の就職が直接どう関係するのですか。想像の域を出ませんが、ある種の学生が通してくださいと書いて単位をもらったことがだんだんと広まったのでしょう。教授はそれに応えて「可」とつけたのでしょう。このようなことがどこからともなく流行しだして、いつの間にか大きな拡がりを持ち始めたのでしょう。学生は学生の本分を全うして、答案だけを書けばよく、教授は本分を全うして純粋に答案の内容にもとづいて評点をつけるべきでしょう。この簡単なことが行われなくなっただけの話ですね。

そういう時代から二十年以上も経ち、二〇一〇年代も半ばです。最近ですが、関西のある総合私立大学の四回生の話です。もう真夏を迎えたものの就活がまだ続いている中で、卒業に必要な単位取得に黄色信号が出たようです。夏のアルバイトを休んで山のキャンプに行ってきたのでした。二泊三日のこのキャンプに大学に支払ったのが二〜三万円です。このキャンプに行ってなんらかの学生としての活動をすると単位が取得できるのだそうです。

そういえば、先日テレビのワイドショーでこんな話がありました。ある若手社会学者が東京六大学野球の話をするのです。母校である慶応の応援ということで神宮球場の早慶戦の応援に行ったことがあると言っていました。本人いわく「野球のルールも知らない」のだそうです。そこで突っ込みが入りました。

「ルールも分からないのになぜ神宮に行ったのですか」と。なんと、

「早慶戦の神宮球場に行くと単位が取れるんです」

との回答でした。一瞬吹き出して笑いましたが、そのあと開いた口がふさがりませんでした。これが現実のようです。なお、今はどうなのか、その単位の話がいろいろと注釈(一試合だけでOKなのか、あと感想をレポートするのかどうかなどの可能性)の必要なものかどうかはここでは省略します。成績優秀であったであろうその社会学者が単位取得のためにだけ行ったとは思えないですし。

学生も学生なら大学も大学ですね。もう少しだけでいいので、お互いに自分の本分に近づける努力をすればいいのになどと、私の頭をかすめました。待ってくださいよ。こんな堅い話ば

かりしている自分を見つめ直す必要があるのではないかとふと背筋が寒くなることがあります。世の中これでうまく進んでいるのに、横から余計なお世話だと言われそうですね。

余計なことをするつもりはありません。単にぼやいているだけかも知れません。それでも、四回生の答案の採点にあたって大いなる悩みをもった教授の気持ちはよく理解できるつもりです。

なぜこんな答案しか書けないのだ。君たち学生はいい就職先も決まっている。それなりの社会人としてのスタートができるはずだ。それなら、なぜ歯をくいしばってでも合格点をもらえるような答案を書くための勉強をしなかったのだ！お願いしたいのは君たち学生ではなく教授側のほうだ。頼む、社会人になったらこんな恥ずかしいことはするな！

その教授は泣く泣く学生たちの答案に「可」をつけて合格としたはずです。そのような時代から二十年以上経っていますが、今の時代の単位取得と試験事情はいったいどうなっているのでしょうか。

## 学歴インフレと学業レベルのジレンマ

現代日本は高学歴社会といわれる。数字的にはそういうことなのだと思う。国際的にみても高等教育を受けた人の率が高い国に分けられる。私のような一九七〇年代後半に社会人になった年代層と二〇一〇年代に社会人になった年代層では、たとえば大学進学率において大きな差がある。当然ながら社会人の中に大学卒業生が増えてきているのである。社会の発展のためにも、これら教育を受けた人はその教育を受けたなりに寄与することが期待されている訳です。

その高学歴者にどれだけ期待できるのかを考えた時に、私は興味深いと感じる部分があるのです。いわゆる学歴インフレということばでいわれることについてであります。高学歴者であるがためにもっているであろう能力を、果たしてその人が有しているのかということです。これは特に最近広くいわれていることで、今更いうまでもないことかも知れませんが、私は改めてこんな観点があるということをかみしめています。

たとえば、私が二〇〇〇年から退職する二〇一四年まで出向して勤めた会社でも、学歴がアップしている。新卒者、途中入社を問わず、特に二十歳代の人は、たとえば三十も年上である五十歳代の人よりもいわゆる有名な大学を出ている人が多い。ところが、その人たちの学業レベルを推測する目安となる教養や物事の判断能力、仕事の習熟速度のレベルなどが相当程度低いと感じるのです。別の観点からひと言でいえば、三十年前にXX大学YY学部を卒業した社員と数年前同じ大学学部を卒業した社員を比較すれば、三十年前卒業の人が「能力あり」と判断できる確率が圧倒的に高いというのが私の経験則です。

例を出しますと、最近は東大生のレベルの低下がいわれるが、その通りであろうと思うのです。単純にいって四十年前東大に入った層の日本人の出生数は昨今入学した層の出生数の約二倍です。東大の入学定員は約三千人とほとんど四十年前と変わっていないから、昔のほうが競争率が高かったということになる。すなわち、あくまで単純化しての一つの試算としてですが、今の東大生の半分の人が昔なら東大に入学できていない勘定になる。そうすると、東大の一つレベルが下の大学、更にレベルが下のところと進めていけば、自ずから計算はできます。ほとんどの大学では四十年前の卒業生より昨今の卒業生のほうが「レベル」ダウンなのです。

もう一ついえば、現実的な話とするために、たとえばいわゆる有名大学の一つの早稲田大学と仮定しましょう。早稲田大学も以前よりは推薦その他の入学者数、比率が増えています。早稲田グループの附属的な高校からの進学が増えています。学生の保護者はたとえば附属の高校に入れれば安心します。

「うちの子供は早稲田大学に入れる。私の旦那と違って早稲田大学を卒業すれば一流会社に入って、それなりの生活ができるはずだ。今まで我慢して頑張ってきた甲斐があった」と歓喜します。

ところが、わが子が就職する際に実際に見るのは、早稲田大学を出ても一流会社に入れない現実です。そういう結果になることが多いのです。もちろん就職難というか厳しい就職事情もあるでしょう。一流企業全体の採用人数が減っていることもあるでしょう。それも大きな理由の一つでしょう。しかし、より根本的には、今の早稲田大学の卒業生の平均的レベルは昔の早稲田の平均的レベルよりも低いのです。なぜなら、早稲田大学の入学試験のトータルとしてのレベルが相対的にも絶対的にも昔の早稲田大学ではないからです。

親御さんが「我が子が早稲田大学に入れる」と思った早稲田は昔の早稲田ではないのです。そこを親御さんは分かっていない。

「うちの子は早稲田大学なのに、一流会社に入れない！」

と嘆いてしまっても遅いのです。

そんな大学生であるという状況に対して、企業は企業としての対策を練ります。昔の早稲田なら十人中八～九人は期待に応えるレベルの能力があった。能力の平均も高かったし、その標準偏差も小さかった。今はどうか。平均も下がったし、そのぶれは非常に大きい。だから昔の早稲田大学の卒業生ではおよそ見かけない低レベルの人が十人中一～二人はいる。企業は、若い社員に以前とは比較にならないほど多くの研修的な仕事を課します。英語の資格試験・検定試験を受けさせて、その能力を確認します。早い段階で社員連中をふるいにかけます。企業は能力のない者をいつまでも優遇する訳にはいかなくなってきているのです。

そう考えると、私の勤めていた会社の人事担当者の話を思い出すのです。

「自分は採用を担当していた時に感じたことがある。理系の修士課程卒業でわが社に入社した人の学力的観点からのレベルでいえば、一九八〇年に入社した者が一番高く、そのころの年代がピークだった」

ということでした。たかがある民間メーカー会社のひとりの人事担当者の感想であり、そのコメント自体に権威が備わっている訳ではありません。ただ、次の点を付け加えておく必要があるでしょう。その人事担当者は一九七〇年代から一九八〇年代の十年以上にわたり採用に携わっていたという事実です。ちょうどその間の一九七七年に私は入社しましたが、その年の出身大学別（修士、博士含む）で人数が一番多かったのが東大で、二番目が京大でした。偏差値でいうと全国的にみて高い大学の出身者を数多く採用していて、それを相対的に比較できる環境にあった人のコメントであることです。

私の戯言と言ってしまえばそれまでです。それでどうなの。何をどうしろと言うのですかということになるのかも知れませんが、ひとつ言いたいのは、高学歴社会になり、有名大学卒業者の比率が増えようが、「学力、能力」がダウンしたのではどうにもならないということです。こういう観点もあるということを読者諸氏に説明できたとすれば、それでOKと自分自身を納得させたいと考えています。

## 入学試験の推薦制度について

二〇一六年三月に起こった広島県府中町の中学三年生Aくんの自殺事件はいたましかった。私にとっても非常にショックでした。なぜならこんなに偶然というものが重なり、その結果によりこんな深刻な事件となったからです。ただ、偶然が重なったというように割り切れればいいのですが、何か心の中でもやもやするものを感じました。そして、それを整理してみたいのです。

亡くなったAくんですが、一年生の時に万引きをしたというレッテルを貼られた。これは同学年生（同級生？）が万引きをしたのですが、間違ってAくんの万引きとされてしまった。その後、間違いであることが分かったので、万引きの記録は資料として消されたはずであったが、校内のコンピュータ上のデータは訂正されずに残ったままであった。これが三年になった時に、Aくんの高校入試をむかえた三年生において、進路指導の資料のなかでAくんに万引きの触法履歴あり、という形で出てくることになってしまった。

Aくんは担任の先生から、Aくんには触法履歴があり、私立高校入試の専願合格に必要な中学校長の推薦が得られないと言われてしまった。それまでいろいろな事情があったにせよ、Aくん自身に万引きなど触法行為がなかった事実も含めて、Aくんは親にも相談できず、絶望の末に自殺に至ったというのである。

Aくんの担任の先生はじめ学校側はAくんの自殺した翌日に、万引きの触法履歴を入試資料として使用したことが間違いであることを確認した。これは悲劇です。こんなことがあってはなりません。

この事件についてはあまりにも偶然が重なりすぎました。

a・同学年生（同級生？）が万引きしたこと。

b・万引きは日曜であって、その日は担任の先生が出勤しておらず、たまたま出勤していた担任ではない先生が対応して、翌月曜日に万引きをした生徒の担任（あるいは生活指導担当の先生）に万引き事件のことを口頭で連絡した。

c・生活指導担当の先生は万引きした生徒の名前を間違えてAくんと認識してコンピュータのデータにインプットした。

d・これに基づいた記録がその後のAくんの生活指導の資料となったが、紙ベースの資料は校内の会議で間違いが指摘され、それ以降は原則として使用されなくなった。

一方で、コンピュータのデータは変更・削除されずそのまま記録として残った。

e・この万引きのあった翌日、すなわち月曜日に校内で暴力事件と考えられるような大きな問題が発生して、学校はこの対応に追われてしまった。

この暴力事件の発生により、万引き事案においては通常行われているはずの本人・保護者と先生による確認や生活指導が行われなかった。（事情はともかく、学校の内規にある、確認や生活指導は行われなかった。もし保護者を含む確認というかたちで生活指導が行われていれば、その場でAくんには万引きは事実ではなかったことが明らかになっていたはずである。）

f・Aくんの高校入試を控えた三年生の十一月に、今度は高校入試の進路指導が大きく進み出した。広島県の私立高校の専願入試には中学校長の推薦がない限りほぼ合格は望めないという制度である。筆記試験で余程のいい成績であったとしても、合格しないのである。また、万引きなどの触法履歴のある生徒は原則として中学校長の推薦が得られない。

g．触法履歴を入試資料として扱う範囲は、前年度までは三年生における事案のみであったが、昨年十一月に、今年度（Aくんの入試にあたる二〇一六年一～三月）は一年からに遡ることと、その中学校としての決定を行い、実際に適用した。したがって、Aくんは触法履歴が入試資料として扱われ、校長推薦も得られない状況であった。

ただしAくんが自殺したあと、対象範囲は三年生のみと、遅くとも昨年十二月の段階では中学校として再変更決定されたようである。

h．三年生の担任の先生は触法履歴が消去されていないデータをもとに進路指導していた。もちろんそのデータが間違いであったことなど知らなかったはずである。

主な偶然だけでもこれだけのものが重なっています。いや、これだけの偶然が重なったのでこのような悲劇が発生したのでしょう。今回の事件は偶然が重なり合ったことが主な原因だったと考えます。そのこと自体を否定するのではありません。進路指導した担任の先生はじめ生活指導の担当や校長ほか学校関係の方々は、よかれと思って行ったことのはずですが、逆にそのよかれと思って行ったことの連続がかえってこのような悲劇的な結果を生じさせたのだと思います。

しかしながら、この悲劇が百パーセント偶然のなせる業かといえば、そうではないようにみられて仕方がないのです。何らかのミスによる原因があったというか、言い替えれば防ぎ得た可能性もあったのではないでしょうか。そのあたりのところを検証委員会が明らかにしてくれることを願っています。

ということではあるのですが、これで終わりにはしたくないのです。検証委員会ではおそらく再発防止のための検討項目には現れないであろう（あるいは、指摘しないであろう）推薦入試制度そのもののあり方について、私自身の思うところを述べてみます。

昨今の大学入試ではいわゆるガチンコである一般入試が少なくなっています。国公立では七割程度でしょうか。私立ではほぼ四割といったところでしょうか。あとは推薦入試ですね。海外・帰国子女枠などもこれに入ります。スポーツ推薦もこれです。いろいろな事情から推薦が増えたのでしょう。たとえばガチンコの一発試験では「実力」が反映されない可能性があるなどといった議論が必ず出てきます。増えた理由を言えば切りがないでしょう。高校入試においてもガチンコの入試というよりは推薦選考の段階で決定する入試が増えてきているのが実情でしょう。教育関係者でもない私がとやかく言うことになり申し訳ないのですが、敢えて言わせていただきます。「推薦入学制度」のいい面もありますが、悪い面もあることを充分認識して、その悪い面、負の面を最小限にする努力をすべき、ということです。

今回のAくんの場合でいえば、中学校の校長推薦の基準です。触法履歴は三年生の期間のみとするのか一年生からとするのかはその中学校長（中学校自体）が基準を決めるということです。前述の通りAくんの中学校は今まで三年時のみであったのを、今年度は急遽一年からにした。そしてAくんが自殺してから、すぐに三年時のみに変更した。これはどういうことなのでしょうか。更にいえば、他の中学校はどうなのでしょうか。三年時のみなのでしょうか。二年生からという中学校はないのでしょうか。推薦基準は一体どうなっているのでしょうか。基準が中学校ごとで異なれば、明らかにこれは不公平です。

また、推薦であれば、推薦者がだれかということで、生徒も保護者も推薦者である学校の先生の顔色をうかがいますね。学校の学業成績と共に先生の心証まで考えていかなければなりません。この広島県の高校入試でいえば、学校長の推薦がなければ「試験で余程いい成績をとっても」合格しないと言われたとのことです。これっていったい入学試験なのでしょうか。

話が若干飛躍することをご承知ください。学校での生徒の自殺ということでは、次の事件を記憶されている人も多いでしょう。もう四年以上前のことになりますが、二〇一二年十二月に起きた大阪市にある市立桜宮高校のバスケットボール部員の自殺のことです。部活動の顧問教諭の体罰が連日マスコミで大きく取り上げられ、この体罰が原因で部員である生徒が自殺したと報道されました。その原因自体を否定するつもりはありません。しかし、ものごとの本質であり、その背景にあるものについてはいっこうにマスコミや社会一般では取り上げられることはなく、社会でも注意が払われませんでした。そして忘れさられようとしています。

私は、この高校生自殺事件の本質的な理由は、この部員が大学入学を希望しているにもかかわらず、顧問教諭から志望する大学へのスポーツ推薦（バスケットボールですが）を得られないことが明白になったからだと考えています。体罰そのものではないとさえ思われるのです。高校ではスポーツに打ち込み、学業での一般入試では入学がおぼつかない（想像ですが）と思われます。それなりに強いバスケットボール部の主将を務めるこの部員にとって、顧問教諭の推薦こそが、唯一無二の大学入学への望みであったことは容易に想像できるはずです。いくら厳しい体罰を続けられても、その望みがある限り耐えることができたと、私は思います。その望みが絶たれ、その上で、なおかつ、厳しい体罰を繰り返されては絶望するよりなかったのでしょう。

この顧問教諭が長年にわたりいくつかの大学（バスケットボール部）に対する高校生の部員推薦の権利（入部枠のようなもの）を持ち、行使していたのです。大学・高校のバスケットボール界ではそれなりに優秀と思われていた教諭だったのでしょうが、教諭自身知ってか知らずかそのような「権力」を乱用するようになったのでしょう。

この桜宮高校のバスケットボール部員事件は案の定というか、予想されたというか、「体罰は悪い」という、何の教訓的・教育的な効果ももたらさない結論をもって半年も経ずして収束となりました。私に言わせれば、学校関係者（文部科学省や教育委員会や大学のスポーツ界を含め）がことの本質に意識的に敢えて触れずにこの事件を幕引きしたと考えています。浮かばれないのはこの部員や家族ばかりではありません。現在および将来のこの種スポーツの部活動を行っている生徒全般です。

もう一度繰り返します。今回の広島県府中町のAくんの自殺事件について、ことの本質である「推薦入試・入学」の制度や基準の問題点を徹底的に検証されることを希望します。学校に係わる悲劇的な事件にもその原因があるのです。偶然もあるでしょう。偶然も想定外も避けようがないとしましょう。そうであったとしても、どこかに偶然でもなく想定外でもない本質的な問題があると考えるのです。

あるいは故意にその問題点の検証を避けようとする人がいませんか。この種の事件が発生した時に繰り返される表面的な検討結果の報告は、現実の問題を覆い隠そうとし、責任逃れすることに過ぎません。

とはいえ、私はこの問題ではかなりの悲観論者です。日本の社会の大きな流れであり、余りにも大きくて、絶望的になってしまいます。

# 第二章　国際比較してみれば

## 欧米男性会社員の帰宅時間

英語を学習したり、外国関係の仕事が増えると外国における会社員の生活ぶりについて少し見えることがある。そして日本と大きく異なることがあって驚かされた。というより日本の会社員であったことに胸をなで下ろすことがしばしばあった。

そもそもの始まりといえば、随分昔の話ですが、私が中学生のころで一九六七年であったと記憶しています。NHKのテレビ英語会話の番組の一コマで、講師の國弘正雄氏(故人)と米国人レギュラーゲストとの会話です。話題は人気のあるレコードのことでした。日本の夜の街ではカラオケはまだ一般的ではなく、ジュークボックスがあったり、ピアノ伴奏で客が歌うなどということが多かったようです。会社員が夜の街でつかの間の安らぎを得ていたのでしょう。バーやスナックではレコードで流行の曲を聴いたはずです。中学生であった私はそんなことは知るよしもないのですが、米国ではどんなレコードが流行していたのかには興味があったのです。

どんな曲に人気があるかという時に、日本で人気のあった曲の話は忘れましたが、その米国人ゲストの話は忘れません。米国では夜の街ではタイプライターの音だけが流れるレコードが圧倒的に人気があるということでした。そして、米国ではその会社員がバーだか飲み屋から家に電話を入れるのだそうです。亭主は家にいる妻に「今残業で会社のオフィスにいるんだ。もう少し遅くなるが、済まないね」とひと言いうのだそうです。もちろん、電話の受話器からその妻にはタイプライターの音が聞こえるというしかけです。もうほぼ五十年前の話ですが、なんともほほえましく、懐かしい情景です。

私が会社員となったのは一九七七年です。会社の周りの男性社員、特に結婚している人はどうだったでしょうか。少なくとも私の周りでは、そこまで女房に気を使っているように見える人はいなかった。もちろん女房に頭の上がらない人はたくさんいたでしょうが、仕事が終わって一杯やってから帰るのは当たり前でした。夜遅くなって帰る場合でも、いちいち家に電話するのは男の沽券に係わるという風潮でした。私はまだ若手社員だったころですが、会社では繊維貿易に携わっていましたので、外国人社員のことも少しずつ理解し始めており米国の会社員の夫婦事情のことは大変だと分かるようになってきました。米国の会社員男性は日本の会社員男性に比較して女房に弱いのではなかろうかなどと判定しだしたのです。

時は進んで一九九〇年代前半の七月です。ところはドイツのフランクフルトです。私はまだ独身でしたが三十代半ばを過ぎていて、日本人会社員の生活ぶりも、独身者・既婚者ともにそれなりに分かるようになっていました。その七月はヨーロッパ、特にフランクフルトにほぼ一か月間釘付けとなりました。私の勤める会社のフランクフルト事務所の現地人スタッフとも顔見知りになりました。ある日の夕方、日本人の所長とそのドイツ人会計担当者と三人で談笑していました。事務所の定時は午後五時十五分です。

日本人二人は、仕事も珍しく早く一段落したので夕食をどうしようかと考えていました。現地スタッフは夏休みをどう過ごすかを考えているようで、日本人の夏の過ごし方などで話が弾みました。六時数分前になった時でした。所長のところに電話がかかってきたのですが、その現地スタッフの奥さんからでした。所長の話では、

「亭主がまだ帰ってきていないのですが、どういう理由からでしょうか」

と尋ねてきたというのです。いつもは五時四十五分くらいには帰るのですが、もう六時になるのに、残業でもしているのでしょうか、ということらしい。

当時、そのドイツ人会計担当者は三十四～三十五歳で、その奥さんは二～三歳下であった。子どもはなし。通勤は車で二十五分程度です。日頃は五時五十分ころに帰宅するのでしょう。それにしても夕方六時前に家から、

「亭主の帰りが遅いので、どうかしたのでしょうか？」

は、およそ日本では考えられません。なお、事務所の勤務スタートは八時四十五分ですが、彼は通常は七時三十分ころには出社しているようです。彼はドイツ的で朝型の勤務者といえます。

その出張も七月の後半になって、同じようなことが起こりました。今度は午後六時を五分か十分回っていたと思います。その奥さんからの話の内容は前回と同じでした。この二度目の電話で私は本当に驚きました。噂には聞いていたものの、欧米で既婚の会社員男性は本当に帰宅時間と妻には気をつけているのだと。なお、当時はまだ携帯電話やスマホが一般的ではなかったことを付け加えておきます。

そういえば、その時の出張では夜遅くにファックスで大阪と連絡をとっていました。当時はファックスが重要不可欠の連絡手段でした。ファックスは発信時刻が分かるようになっていました。十五時XX分とか、ファックス用紙の端に印字されます。その出張では二十三時XX分とか〇時XX分のファックス発信などはざらでした。ある朝、われわれのファックスを見たのでしょう。ドイツ人事務所員と目が合った時に、

「夜中まで事務所で仕事ですか？」

と驚きのあいさつをされたものです。いわく、ドイツでこんな遅くまで働く人はいないですよ。こんなことを繰り返していれば、離婚事由として充分成り立つといわんばかりでした。

同じようなころ、といっても翌年だったかも知れません。イタリアのミラノで年間三十日と

か五十日とか出張していたころです。夕方六時とか六時三十分にミラノの事務所からホテルに戻るころ、路面電車の停留所そばのバール(カフェバーに近い)でホワイトカラーではない男性連中がビールを飲んだり、トランプやビリヤードに興じて、その日の仕事の憂さ晴らしをしている光景を何度となく見ました。イタリアは夕食が少し遅い(ドイツに比べて)時間であり、そんな人たちが帰宅して妻と食事するまでに一息鋭気を養う時間であり、場所だと思いました。

それからもう四半世紀が経ちました。欧米の会社員男性も大きく変わったでしょうか。女性の社会進出の拡大は欧米も日本もその傾向は変わりません。傾向としては日本も欧米に近づいてきているでしょうが、日本では男性社員の既得権はまだ少しは残っています。日本人男性会社員は欧米の人に比較して、自分の妻に対しての気遣いが、特に帰宅時間については、少なくて済んでいるようです。

いや、その考えは甘いかも知れませんし、古くなっているのかも知れません。二〇一〇年代も半ばになった日本が、欧米的な基準とそれほど大きく異なることが続けられるか、大いなる疑問と考えるべきでしょう。これも国際化ということであれば、その流れは避けられません。いいも悪いもなく、国際標準は日本におけるいろいろな既得権を奪っていくのでしょう。

## 公共交通機関のアナウンス

海外に行って日本と事情が違うと思うことはそれこそ数え上げれば切りがないと思うのです。海外旅行の目的の一つとして、その違いを知るということもあげられるでしょう。「海外ではこんなことを経験した。日本はまだまだ国際的ではないね」などというのも、自慢話としては格好のものです。自慢話となるかどうかは別として、その経験が以降の自分の生活に役立つのであれば、海外旅行の意味づけの一つとして決して悪いことではないと思うのです。ここでは、国際的ということばの基準も曖昧であるが、どちらが国際的か分かりにくい例というか、国際的とはどういうものかを考えさせられる例として、鉄道やバスのいわゆる公共交通機関の車内アナウンスを出してみたい。次に述べるのは随分昔のことですが、例としては検討に値するのではないかと考えます。

一九九一年四月にヨーロッパに出張しました。スイスのジュネーブでの展示会があり、数日間滞在しました。グループ会社のブリュッセルの駐在員と夕食を済ませて、一人でホテルまで戻ることになりました。互いにホテルが違っていましたので、別れて一人でホテルに戻ることにしたのですが、バスに乗ってみようと思いました。停留所には案内板がありましたし、どこの停留所で降りるべきかも分かりました。来たバスに乗り込んでみましたが、バスの路線番号表示は理解できましたが、二つ目か三つ目の停留所を過ぎると今どの停留所なのか、次はどの停留所に着くのかが分かりにくくなりました。車内アナウンスもないのです。どうなっているのだろうかと心配になり、バスの出入り口の近くに席を移り、停留所ごとに看板を見るようにしました。運転手に聞くといっても果たしてうまくいくのか自信がなかったので、黙ったままにして、注意深く周りの様子を見るだけとしました。

やっとの思いで目的地に着いてはみたものの、緊張してハラハラした思いをだれに文句を言うこともできません。なんでこんなことがまかり通るのかと不思議でした。日本じゃこんなことはあり得ないと憤慨していたところで、ここはスイスだということにたどり着きました。ジュネーブはフランス語圏ですが、このスイスという国は他に東部ドイツ語圏と、その他イタリア語圏もあり、だいたい表示も三か国語になっていることが多いのではないか。これは私の思いつきではあるものの、アナウンスが一か国語だけという訳にはいかないが、さりとて三か国語をしゃべる必要はないのではないか。ましてやこれに英語を加えて四か国はとんでもないであろう。英語を入れないほうがよほど混乱しないはずです。

一九九一年の秋以降の数年間は仕事の関係でヨーロッパへの出張が増えました。年間ベースでは六十日とか八十日が数年続きました。ミラノでは既に旧知の仲といっていい駐在員がおり週日は仕事を終えて夕食も同じくということが多かったのですが、さすがに週末はミラノに一人で滞在が多くなりました。ミラノでの自由時間はタクシーを減らし、路面電車や地下鉄の移動を心がけました。

路面電車も地下鉄も車内の行き先アナウンスは原則ゼロです。外国人の私にとっては車両の前に書いてある行き先表示板だけが頼りです。地下鉄にいたっては、駅構内での案内アナウンスもありません。日本では考えられないことです。イタリアのみなさん、どうして分かるのですかと言いたかったですね。

これも何度か見かけた光景ですが、地下鉄の到着が遅れて駅が人で膨れあがってきます。十分、十五分以上経っても次の列車が来ない。待っている人がそろそろざわついてきても、アナウンス一つない。別にだれも駅員にくってかかりません。くってかかるにも駅員もほとんどプラットホームにいないし、喧嘩にはならない。そうこうしているうちに次の電車がやってきます。満員となった地下鉄に私も乗り込みました。日常茶飯事です。

パリでも似たような経験をしています。パリ中心地から郊外電車に乗った時も同じように行き先アナウンスがなくて困りました。あとで分かったことですが、この場合は駅でプラットホームの頭上高く、路線と駅の地図表示があり、列車の停車駅がランプ表示されていました。列車到着の案内もなければ行き先のアナウンスもない。外国人、特に日本人にとっては戸惑う要素がいろいろとあり過ぎです。

今、ヨーロッパ諸国の車内アナウンスがどうなっているのか知りません。細かい事情はともかくとして、日本とは基本的に考え方が違っているのでしょう。日本ではなぜこれほど車内アナウンスが多いのか、明確な答えはないでしょう。ただ、敢えて言えば、ヨーロッパでは乗る地点から目的地までは自己責任で行ってください、と言っているように思えます。鉄道やバスなどの公共交通機関に与えられた任務は、交通機関を最大限計画に従って稼働させることであって、利用者が時間どおりに目的地に着くかどうかについての責任は原則として負わないという考え方です。利用者がいつ、どの列車に乗ってどこで降りるかは、利用者が予め知っておくべきだし、決めておくべきというものです。

昨今は私の地元大阪の地下鉄では日本語の他に英語、中国語とハングルの表示があります。これが日本の国際化などとは思いませんが、いずれにしても親切です。車内アナウンスでは何々線は次の駅で乗り換えなど、親切極まりないです。ＪＲ大阪駅などでは、「列車が定刻から三分遅れまして、誠に申し訳ありません」

などと謝る。なんでこんな必要があるのでしょうか。謝って三分の遅れが取り戻せるのなら意味がありますが、どうせ利用者に対して申し訳ないなどとは思っていないのになんでこんなことを言うのでしょうか。まあ、数分遅れても文句を言う乗客がいて、その文句を支持する人がいるのであれば、鉄道会社が謝りのアナウンスを入れるのは、そういう文句に対する防御としてのみ意味があるのでしょう。私がそういう場合に遭遇しても、遅れて気分が悪いのに、なぜ意味もないアナウンスを入れて、気分の悪い乗客を逆なでするようなことを言うのだろうか、などと思ってしまいます。要するに私のような考え方をする人にとっては、日本の鉄道会社の謝りアナウンスは逆効果です。

私がここで述べたヨーロッパの国々というかその人々は、まず自分たちのことを優先するのでしょう。次に自分たちの周りの人のことを優先するのであって、ましてや外国人のこと、日本人はじめ数や比率の少ない国の人のことはそのあとのことになるのでしょう。国際化などというのはあまりなじまないのではないか。いや、自分たちの基準や標準に外国人を合わせさせることが国際化と考えているのかも知れない。日本では国際標準や外国に合わせることが国際化と思っている人が多いと思われます。少なくとも日本における国際化という概念とそのアプローチの仕方が、ここで述べた国々とは異なっている気がしてなりません。いいとか悪いとかいうことではないと思っていることは、最後に付け加えたいと思います。

## 日米のビジネスエリート比較

もう古い話となりますが、私は、勤務していた会社で一九八〇年代の半ばに対日本P＆Gの折衝窓口となっていました。P＆Gは紙おむつのパンパースなどで有名な会社です。親会社は米国でも超優良の巨大企業と評判でした。その日本におけるパンパース製造のための素材を供給販売する担当者でした。

日本P＆Gは大阪に本社があり、その購買部の担当者と折衝します。ときどき米国中西部オハイオ州シンシナティにある本社のことなどを聞く機会がありました。その日本人の購買担当者はP＆Gの幹部・経営者のことになると感心するのです。とても日本人ではかなわないといいます。なぜですかと聞くと、「かれらは体格が違う」というのです。

その担当者は日本人としても比較的背が低いほうでしたから、身長についてはある種敏感な要素も持っていたのでしょうが、「プロレスラーと間違うような人」がたくさんいると話していました。米国の大企業幹部ですから一般論でいえば知的レベルは高いと思われますが、外観・からだで圧倒されるぐらいに大きいというのです。なんとなく想像はついたのですが、いざこんな話を聞くと改めて考えさせられました。私の勤務先も日本じゃ大企業ですが、経営幹部でそんなにからだが立派な人はほとんどお目にかかったことはありません。

その年代までの日本人の経営者、ビジネスエリートの典型的な描写の一つは、知的レベルはあるかも知れないが、狡猾で、背は低く、ずんぐりして度のきつい眼鏡をしているというのがあげられました。欧米ではこのように日本人を揶揄することが多かった時代といえます。実際のところ、私の会社では日本の有名大学を卒業した社員も、学業成績はそれなりではあったと思われるのですが、それ以外のスポーツやその他課外活動で目立った活躍をした人の話はあまり聞きません。日本ではそういう社員がというか、そういう社員でも一応のビジネスエリートへの道を歩むベースはあるのです。

話を前に戻して、前述のＰ＆Ｇのような米国はどうなのかといえば、そんなに簡単ではなさそうです。余程の秀才でもない限り、あるいは学者・研究者への道を歩むのでない限り、要するに広い世間の中で進むのであれば、余程の成績優秀者を除いて学業だけではだめなようで、有名大学を卒業しただけでは高い評価は受けにくいと考えられます。学業以外にはまずはスポーツでしょう。そのほか学業に一芸を加えることもあるでしょう。

日本でも「文武両道」ということばがあります。時代によって多少解釈が異なるようですが、現代においては学業とスポーツとの両方という意味に近いと思われます。日本でもこの種の人たちはいるものの、米国に比較してみると今でも少ないと思う。なぜか、日本では文武両道タイプの経営幹部を必要としないということしか答えられないのです。

現代のビジネスエリートはどういう人なのか。敢えて私の思い込みをもって言わせてもらいたいのですが、リーダーであることです。このリーダーは知的であることは必要条件であってもそれで十分ということではない。リーダーにはみんなを引きつける魅力が必要である。人間的な魅力と言い替えてもいい。知的な部分は主にからだの内部であり、インサイドワークといわれる所以のものです。それではからだの外にあって見える部分はどうするのか。外見からみえるその人の魅力は、スポーツによって高められるものであるというのが一つの考え方です。

米国においてはいわゆるCEO(最高経営責任者)は自分で考え、判断し、行動する。したがって、総合的な能力が必要とされると考えます。その他の経営幹部や管理者でも自分ひとりで考え、判断し、行動することが多いはずです。単眼ではだめで複眼でなければ、偏った思考・行動になるでしょう。

日本はどうでしょうか。会長・社長といってもひとりで何もかもするという訳ではありません。集団で考え、判断し、行動するのです。当然ながら、責任も分担するというか、曖昧にします。自分ひとりは単眼で思考・行動してもいいのです。他の角度は他の幹部がやってくれます。ひとり一人が総合的な能力を持つ必要はなく、全体としてすなわち取締役会でとか経営幹部全体で総合的な思考ができれば、特に問題にならないとしているのではないかと考えます。

経営幹部の中にスポーツ選手がいる必要もない。いろんな人がいるのだから、それで総合的な判断ができるという暗黙の合意です。

よくも悪くも米国型の経営に近づいている日本の企業では今後どうなるのでしょうか。経済全般をとりまく環境からいえば、当面は日本のビジネスのことが米国でも参考にされるということにはならないでしょうから、米国型の総合能力を持った経営幹部の必要性がより高まってくるでしょう。しかし、二〇一〇年代も半ばを迎えた現在、そのような人材が生まれる素地は日本にはまだないと思われる。リーダー不足の日本はどういうビジネス社会になるのだろうか。

## 無差別級について考える

スポーツを例に出して無差別ということについて考えてみたい。ボクシングや柔道という競技は体重別になっている。ボクシングは元来が欧米から入ってきたもので、当初から体重別であった。ところが、柔道は日本で始まった競技であったが、当初の無差別から国際化すると共に体重別になった。そういえば、相撲は相変わらず無差別級である。

ここで考えたいのは、人間が競争する場合のハンディをつけることがより公平かどうかということです。ゴルフのハンディキャップのようなものではない。競争をする時に、体重なり身長なりで区別して行うのか、無差別として行うのかです。

バスケットボールやバレーボールなどは身長別にすればどうかなどと考えるのですが、そういう発想は欧米人にはないのか。あるはずであるが、少ないと思われる。多ければとっくに導入されているはずです。そもそも体重別競技は個人と個人が直接的に接触し、ぶつかり合う競技に限られているようです。それは人間個人が持つ体重というか力が決定的要素であると仮定されるもの、あるいは断定された競技に限定されている。スポーツ全般には背が高く、体重が大きいほうが有利に思えるのですが、それでもその競技は限定されている。

たとえば体重別にするか無差別にするかどうかは、どういう根拠で判断するのか。オリンピック競技に代表されるこの体重別という考え方はどこから来るのだろうか。柔道はオリンピック競技となったときになぜ体重別となったのか。

人間のからだというのは生まれつきの要素が大きく、個人の努力の要素は小さいと考えられているのが理由でしょう。かつ、そのからだの体重が競技における決定的要素である力の源泉であり、体重別にしないと逆に不公平と考えるからだと思う。これが国際標準の考え方と推定します。

逆に、日本ではからだは鍛えれば強くなるし、大きくなると考える。確かに生まれつきのものや遺伝的なものもあるだろうが、基本的には努力によって克服できるものと考えているのでしょう。日本式と国際標準とでは何が公平・フェアーであり、平等かの基準が異なっています。

一方で、からだや体力を離れて、人間の知的な活動の部分での公平な基準は何であろうか。私たちの年代では、「あいつは頭のいいやつ」ということばがよく使われた。このことばの意味は学校の成績は頭の善し悪しであり、その善し悪しは生まれつきによる要素が大きいと言いたいことである。もちろん成績の悪かった者の言い訳とも受け取れるが、「頭の善し悪し」というのは一般的な言い方であった。頭は鍛えたり努力して学業成績を上げるものだったのであろうか。からだ、少なくとも体格は鍛えればどうにかなる要素が極めて小さいのではないだろうか。

何がより公平かと考えた時、相撲でなんのハンディキャップも設けないのが公平なのか、少なくとも体重別とすべきなのかは大いに意見の分かれるところでしょう。ただ、オリンピックで相撲が競技と認められた時は、おそらく体重別競技となると思われる。欧米流の公平性を基準にした国際標準に合わせれば、答えはそうなる。

たまたまスポーツを例に出して述べたのですが、これを一般化することも可能ではないかと思う。人と競った場合に、その優劣は何によって決定されるのであろうか。生まれつきの要素が決定的に影響するのなら、努力の意味が薄れる。いや、努力の要素が最大限に影響するように競いの前提条件を整えることで、公平性を確保しようというのが国際標準である。努力していい成績を残した者が賞賛されるシステムを作ろうとしている。

日本の柔道では今でも毎年四月の下旬に全日本柔道選手権が体重無差別で行われる。ここで優勝するのが事実上の日本一と考えられている。オリンピックでは既に無差別級はなくなっている。一九六四年の東京オリンピックの時に柔道がはじめて採用された時は軽量級、中量級、重量級と無差別級であった。その後体重別のクラスが細分化されると共についには無差別級が廃止された。国際標準に日本が押し切られた。しかし、日本ではまだ無差別級が生きており、これが本当の柔道だと考えている人も多い。

国際標準が必ずしも正しいということもない。否、正しいとか正しくないというものでもない。ただ、無差別級が廃止された本質的な意味が何かを考えることが必要であろう。そしてその中にある、スポーツ競技としての柔道における試合方式や判定基準の考え方なり哲学を充分理解することが必要である。日本における無差別級があってもなくなってもそれをどうこう思わないが、オリンピックにおける無差別級がなくなったことについて本当に理解することは、日本の国際化のために充分に役立つことではないかと信じている。

## 強いほうが勝つのか、勝ったほうが強いのか

強いほうが勝つのか、勝ったほうが強いのかという命題ですが、どう解釈すればよいのでしょうか。一般的に言って、強いと思われている者が勝つ確率が高いし、勝った率が高い者が強いと解釈されるべきでしょう。それまでに高い率で勝ってきた者も負けることが当然あるし、また勝った率が高かった者であっても、「たまたま勝った」と判断されれば、その勝った率の高い者でも、その者は強くないと判断されることもある。

この命題の解釈については、私が考えるところの日本的と国際標準（欧米的）、特に米国的な考えとの比較を直感的に思いつきます。スポーツの例でいきましょう。オリンピックの日本代表を決める予選ですが、たとえばマラソンにしましょう。代表選考は何度かに分けて総合的に判定されます。陸連の選考委員がいて、強いと思われる者をいろいろな理由と基準を駆使して代表選考します。日本では強いほうが勝つという判断基準です。

強いほうが勝つという理屈はだれも否定できないのですが、問題は強いほうというのはだれが判定するかです。実力が拮抗している（と思われる）AさんとBさんの二人がいて、どちらが強いかを判定する場合、百パーセントの人が納得する基準などあり得ない。もし一回の予選を

してAさんがBさんに勝ったとして、Aさんが強いと判定した場合にだれもが納得するのでしょうか。ある人は一回では判定できないのでもっと予選回数を増やすべきだと言うかも知れません。それなら何回がいいのでしょう。この結論など出る訳がありません。

ところが、米国では予選会を開催して一位から三位までの三名を代表(代表枠が三として)とすることが多いですね。日本は強いほうが勝つという判断基準ですが、米国は勝った者が強いという判断基準です。一部で日本でもそのような動きが出てきました。水泳のオリンピック選考会です。基本的にオリンピックの年の全日本選手権の決勝レースで一位あるいは二位に入り、かつ水連が設定した基準のタイムよりいい記録であることが必要にして十分な条件です。いかに世界記録保持者でも、前回オリンピックで優勝(金メダル)していたとしても、その条件をクリアーしなければオリンピックに出場できません。

あの人は実力があるのに、あんなところで負けるなんて本当に惜しい。このような言い方は日常茶飯事ですね。もちろん米国でもそのようなことはあるのでしょうが、日本では更にそれを飛び越えて、「あんな人が勝つんだから、まぐれです。おかしい」などと言われれば、良い成績を収めた人・勝った人に対して失礼でさえあります。

そもそもゲームとか試合というものはなぜ行われるのか。どちらが強いか、だれがどんな順位かをはっきりさせるためにもある訳です。それをはっきりさせるための試合に出て、それに勝ったのに、「本当は実力がないのに、試合では運良く勝った」などと言われれば、当の本人はたまったものではありません。

改めて考えてみるに、この命題で重要なのは、「強いほうが勝つ」というのはどういう意味かを定義することです。一見当たり前のことを言っているようであって、突き詰めれば何を言っているのか分かりません。

強いと思われている者が勝つ確率が高いが、負けることもある。もちろん勝つこともある。これは何を言っているか分からないと言ったほうが適切です。実質的には何の意味もないことを言っています。

「勝ったほう」が強いというのは、勝ったほうが強いということにする。ということの判断基準を明確にしているので、この命題は一つの意義を持ちます。私はこの国際標準を基準に判定するのがより公平（フェアー）だと思うのです。

「強いほうが勝つ」という命題はあやふやなものである、ということを時々思い返すのです。強いほうに勝ってほしいという願望であって、その願望を基準としていると考えると、本当は明確な判定基準がありそうなスポーツ界では、基準として不適切に思えるのです。

正しい基準というものはなかなか存在するものではないと思うと共に、より公平（フェアー）で明確な基準を尊重すべきというのが自然だと、私には思えるのです。

## ゲームと競技—日米比較

敢えて難しいテーマに挑戦したいと思います。ゲームと競技の区別とその日米比較です。まず、このテーマにおけるゲームと競技の定義です。両方とも勝負を争うものですが、勝負の過程を重視するほうをゲームと呼び、どちらかといえば過程よりも勝ち負けを重視するほうを競技と呼ぶことにします。

ゲームということばはかなり広く解釈できると思うのですが、その一つの例は室内ゲームで、チェスとかトランプが代表者となります。もちろん比較的という意味ではありますが、アメリカ人は作戦を立てて、それを遂行するというかたちでゲームを進めることが好きです。これに比べれば、日本人は勝敗へのこだわりが強いせいか、戦略や戦術といった作戦面よりも勝ったのか負けたのかを重視する傾向が強いと、私は感じるのです。

チェスと言いましたが、日本でいえば将棋ということになります。将棋をゲームととらえるか勝負競技(マッチ)ととらえるかです。チェスも将棋も勝ち負け、強い弱いを決めるものであって、突き詰めれば勝負判定ではありますが、そこに至る過程というかアプローチの仕方によって、日本的なものとアメリカ的なものとの差が生じ得るのです。

勝ち負けに究極の価値を見いだそうとしているかどうかという観点が重要なのですが、アメリカの野球やアメリカン・フットボールとイギリスのサッカーの比較が適当でしょう。野球やアメフトでは作戦タイムがあります。野球でいえば監督が選手起用はじめ作戦も決定権をもって行使します。アメフトも監督（ヘッドコーチ）が同じ役割です。あたかも監督がチームの主役のように見えます。

サッカーはといえば、そのような監督の役割とは異なります。今でこそ試合途中での選手の起用権限がありますが、過去長い間、原則として選手の交代は認められていませんでした。また、監督の直接的な作戦決定・指導は、試合中は事実上は不可能です。

野球では投手の一球ごとに作戦があり、見ている人は次にどんな球を投げるのかを予想し、それが当たったとかはずれたとかその結果こうなるとか、監督・選手もそうですが見ている人もそこが楽しいのだと思います。観衆も自分が監督になったつもりで作戦を立てるのです。

アメフトでも同様でしょう。監督の指示を受けてクォーターバックが、パスしたりラン作戦したり、監督とクォーターバックの作戦がチームの主役と言っていいでしょう。

日米の比較でしたね。典型的な例として野球の投手をあげてみましょう。Xチームのエース投手は防御率三・〇（九回投げて、平均的に三点取られる意）としましょう。この投手が七回まで投げて一点取られて、交代したとします。味方はその段階ではゼロ点で、チームはリードされているとします。それでも投手が交代する際に味方のベンチに戻ってきた時は、大きな拍手で迎えられます。スタンディング・オーベーションがあるかも知れません。これはアメリカ大リーグでの話です。日本では、自軍が負けている場合は、この種の声援はほとんど見られません。

アメリカではこの投手の内容をみる訳です。一点に抑えられたことは、その投手の持っている潜在(平均的)能力をベースに作戦を立てて、充分に能力を発揮させたと評価されるからです。平均的な防御率が三・〇(一試合九回を投げて三・〇点)の投手が、その時に七回で一点に抑えたという結果は、観衆のゲームに対する満足度を一般的には大いに高めたと考えられます。たとえ味方がゼロ点のまま終盤の八回に進んだとしても、投手が頑張っていい成績を残したこと自体が賞賛されるのです。チームが終盤に入っていて負けそうであることとは、直接的な関係はないと考える訳です。

要するにアメリカ人は作戦を考えるというか作戦を立てることが好きです。よくいう戦略的(ストラテジック)ということばが好きです。政治でも経営でもよく使われます。遊びでもスポーツでも同じことです。

日本人はどうでしょう。勝ち負けが好きです。もちろん作戦を立てることも戦略的に進めることも嫌いではないでしょう。しかし、それは勝ち負けと極めて密接に関係した戦略であり、アメリカ人の戦略自体に楽しみがあるという考え方とは異なっていると考えられます。

私は大阪市に住んでいますので、日本のプロ野球では阪神の試合をよくテレビで観戦します。その時によく見られる傾向ですが、ずっとバックバンドが鳴り、音楽に乗っかって観衆がまとまって応援を繰り返す光景です。例の「かっ飛ばせー、○○！」というやつかどうかは別にして、私はこの種の応援が大嫌いでどうしようもないのです。なぜじっくり、静粛に試合を見ないのでしょうか。自分で作戦を立てて、どんな球を投げるか、守備位置をどう変えるかなど考えたいことはいくつもあると思うのです。よくいう「アメリカでは野球の試合を見に行き、日本では応援に行く」という現象ですね。

アメリカでは過程を重視する傾向があるのに対して日本では結果重視の傾向と言えるかもしれません。ただし、この過程とは努力の過程のことであり、自分の潜在的な能力をいかに考え(戦略的に)、立案計画して遂行していくかの一連の流れであります。それが結果に大いに反映されると考えているのではないでしょうか。逆に日本では結果からしてその選手ないしはチームはこういう人であり、組織であったと推定する。

日米で明確に二分できる訳ではないのですが、ゲームとか試合とかいう勝ち負けの伴うことに対する大まかな傾向としては、これら分析が当たるかどうかはともかくとして、大いに参考にしていただけるのではないかと考えています。

## 意思決定方式の比較

ものごとの意思決定の方式というかその過程（プロセス）について時々思うのは、「国際基準」と比較すると日本のいろいろな組織はかなり偏っているというか、特色を持っているのではないかということです。一般論としてもそうですが、私が勤務した会社もその例外ではなかったというのが感想です。

会社という組織は実際に経営活動を行っており、具体的に実践しなければなりません。国の政治制度でいう三権分立でいえば、立法でもなく司法でもなく行政といえます。監査役会であっても実質は司法ではなく行政です。また、縦のライン組織です。

私が勤務していたのはメーカーで数万人（連結ベース）の従業員の会社ですが、いろんな段階でいろんな大きさの意思決定があります。数人の営業課や二十人の営業部や百人を超える工場組織もあります。もちろん持株会社の取締役会や代表取締役の意思決定もあります。他の日本の大メーカーもよく似たものでしょう。

たとえば、日本の典型的なあるメーカーで、一つの事業部での案件の意思決定についての仮定です。ある地域にａ製品を投入して開発販売したいというＡ案と、同じくｂ製品のＢ案およびc製品のC案の三案が考えられたとします。この事業部では事業部付という課のような組織でこの三案について検討した結果を事業部会に提案することにします。

その場合、通常の日本の企業組織であれば、部付の課長格のXさんがA、B、Cの三案の検討状況・結果を添えて、事業部長が採用しそうな（あるいは事前にOKをとった）C案が一番い い案であり、これしかないと事業部会に報告・提案します。出席した各部長や工場長もこれに異論なく賛成するということです。企業の場合、これはルールということではなく、具体的な企業活動として実践することになります。

実はこれは事前にC案が決まっていたようなものです。それを実質的に追認する事業部会ということになってしまいます。なぜ事業部会でA、B、C三案の実質的な検討協議をしないのでしょうか。企業の組織というのはラインの縦割り組織ですが、この「事業部付」のようなスタッフがあります。会社単位でいえば企業参謀というものに位置づけられます。要するに実質的な検討には本来の意思決定者は参加せず、参謀（スタッフ）が行うというものです。

このような決定方式は意思決定者の責任放棄であると思われるのですが、形式上は意思決定者の決裁があったことになります。実務的には、ある意思決定に際してだれが決裁したのかが、よく分析しないと分からないということになります。

C案のみを意思決定機関に提案するのではなく、A、B、C案を提案して意思決定者たちが集まる場でその三案の優劣比較をして、そのあとに意思決定者たちに決定してもらうということにならないのかと考えるのです。

視点を変えてみると、最近の「意思決定方式」ということで興味を引いたのは、近年知名度を上げてきている「本屋大賞」の選考方法です。一次審査で多数の作品から十作品を選定するのですが、この十作品選定は全国の書店員が投票で選定する。投票権を有する人たちはその資格要件が定められています。そのあと十作品から一作品を選ぶに際して、更に一定の資格要件(十作品を全て読破やその他の事項)を満たした書店員(二〇一六年度の場合約六百人)が投票するとのことです。これはかなりの程度公明正大といえそうです。

同じ文学作品賞の選定でも、有名な芥川賞・直木賞とは随分異なります。たとえば芥川賞であれば半年に一回、五作品を候補作とし、その五作品について有名な作家十人程度が選考委員となり、話し合い(最後は投票かも知れませんが)で決定します。なお、五作の選定の方法は「選考委員会」なるものが厳選するとのことですが、その選考過程の詳細はよく分かりません。各選考委員の選評がそれぞれに特色があり、作品の評価についても極端に差があることが多い。

更にこんなこともありました。二〇二〇年東京オリンピック・パラリンピックのエンブレムの選定です。やり直しとなった選定ですが、今度は一転して「公募」ということになりました。

数万点の応募があったようですが、そのうち四点A、B、C、Dが候補作として選ばれました。この四点から選考委員なる方々によって最終一作品が決定されました。

ただ、よく分からないのは、どういう経緯でこの四点が出てきたのでしょうか。説明がありません。エンブレム委員会が「真摯に議論と審査を重ねて四作品に絞った」とのことです。何をどうして四作品になったのか。

「皆様からいただいたご意見を参考にしながらエンブレム委員会一同で誠心誠意、最終審査させていただきます」

とのことです。

日本のものごとの意思決定方式というのはこういうことのようですね。なぜこうも決定する人の権限と責任とをぼやかす必要があるのでしょうか。文句を言われないようにするためにやっているのだとしか思えません。どんなに「参考とさせていただくご意見」があったとしても、それを検討する過程が曖昧では意味がないのではないですか。多数の方から公募いただいたものを「一同で誠心誠意審査」したことをどう証明するのでしょうか。

日本というのは本当に面白い人たちの集まりだと、改めて思うこの頃です。ものごとを決める時にどういうルールで、どういう過程を経て決定していくのかを、なぜ明確にしないのでしょうか。あるいは、決定権限者がなぜ明確に決定しないのでしょうか。この点は「国際基準」と大いなる差があると考え込んでしまうのです。

## ゴルフのマスターズとテニスの全英

ゴルフのマスターズ・トーナメントの時期になると、ゴルフが少し好きというだけで全く下手な私でも、なんとなくわくわくします。毎年四月の第二週の木曜から日曜の四日間、米国のジョージア州アトランタ郊外のオーガスタ・ナショナル・ゴルフクラブで開催されます。世界のゴルフの名手が寄り集まって競うゴルフの祭典です。また、男子ゴルフの世界四大大会（メジャー大会と呼ばれる）の一つです。その他メジャーは全米オープン選手権、全英オープン選手権、全米プロ選手権です。（メジャーがこの四大会とされるようになったのは、一九六〇年ころという説が有力。）

ゴルフに多少の関心のある方はご存じかもしれませんが、マスターズが他の三つと大きく異なる点は、招待競技である点と開催地が毎年同じ場所（オーガスタ）であることです。他はアマチュアを含むオープン競技で予選方式です。なお全米プロはプロのみ参加できる。そして主な開催地は五カ所程度ありますが、固定というわけではありません。

マスターズが招待競技でありながら、メジャーとなったのはなぜかを考えてみたい。一九三四年に初開催と歴史は一番短いが今や全米オープン（一九〇〇年初回）や全英オープン（一八六〇年が初回）と同格とさえいえるのです。

いろんな条件ごとがあったはずですが、マスターズがこれほどまでに有名となった理由としては、開催日と開催場所が決まっていることが大きな要素でしょう。マスターズといえば、四月初めでオーガスタと分かります。そしてオーガスタは特別の準備をするのです。およそゴルフ場というのは、それほど寒くない地域であれば年中プレーできます。オーガスタのあるジョージア州は温暖で年中プレーができる状態ですが、開催の前年の秋以降はマスターズ開催までの何か月も一般者（クラブ会員）のプレー開放はなくなり、マスターズ競技のために備えられます。したがって、トーナメントはすばらしいコンディションで行われると考えられます。オーガスタはマスターズが行われたあとは半年強にわたって秋までクラブ会員たちがプレーします。

もう一つ忘れてはならないのは、ゴルフが盛んになってきた時期にタイミングよく他の三つのメジャーとともにカウントされるようになったことです。一九五〇年代半ばから一九六〇年代に入り米国や英国でゴルフが一般化・大衆化されてきて、ゴルフ人口が爆発的に増えた時期とマスターズの大会としての位置づけが重なってきたことがあげられます。たとえていうならば、もし二〇〇〇年にオーガスタのゴルフ場を作って、今のようなかたちで競技をしようとしても、決してメジャー大会にはなれなかっただろうと思われるのです。

他のスポーツ、たとえばテニスではどうでしょうか。英国の全英オープン選手権があります。テニスの聖地といっても過言ではないでしょう。ここも、オール・イングランド・テニス・クラブ(ウィンブルドン)が会場であって、特にそのセンターコートは大会が行われる二週間だけ使用されて、他の十一か月半は使用されません。

サッカーではどうでしょう。イングランドにあるウエンブレー競技場は、かつてはFAカップ(英国クラブ選手権)決勝戦とイングランド代表チームの国際試合程度のみにしか使用されていません。「ウエンブレーで何試合した」というのがイングランドのサッカー選手の勲章であり、名誉なのです。新ウエンブレーになってからも格付けの高い大会の決勝戦やイングランド代表チームの試合の開催が原則です。

翻って日本はどうでしょう。わずかに甲子園球場が近い感じがします。それでも、高校野球の選手権や選抜の全国大会のみ使用されるということにはほど遠いですね。もちろんプロ野球の球団の本拠地ですし、高校の兵庫県大会にも使用されます。

日本ではオーガスタやウインブルドン、ウエンブレーという考え方は浸透していないようです。あるものの位置づけ、プレステージと言ってもいいかも知れませんが、これをアップさせる方法として、オーガスタ方式があるように思えます。マーケティングの理論でもあり得るかも知れません。

ただし、ことは単純ではありません。日本サッカー界でウエンブレーのような競技場をつくることができるのでしょうか。そのコストに耐え得る人・組織はないでしょう。野球の甲子園球場もしかりです。

日本にはそういうパトロン（支援者）はほとんどいないのです。欧米のブルジョワジーのようなパトロンはいません。そういうことのために金（税金）を使うことの国民的コンセンサスも得られないでしょう。日本にはそのような「余裕」はないのでしょう。経済的な合理性を追求するのが第一の優先課題です。プロ野球では、本来の天然芝ではなく人工芝の屋根付きの球場を作って、野球のない時には（実はプロ野球公式戦の地元主催試合は年間トータル試合数百四十三の半分よりもかなり少ない。）他の催しをします。そのためのドーム施設です。

歴史と伝統を持つもの、聖地とか殿堂といわれるものを作り上げるのにはどうしたらいいのか。それは他にないものを作るという単純な作業の積み重ねが、少なくとも必要条件であると思うのです。「他にはないもの」を作り上げるためにはいろいろなものを犠牲にしなければならない。特に経済的なメリットを享受できないことがある。その経済的なメリットという誘惑を乗り越えれば、名誉が与えられ、誇りを持つことができるような気がします。

最近「俳句甲子園」ということばを時々目にします。八月十九日(ハ・イ・ク)に開催される俳句の全国高校選手権です。ここでは「甲子園」を高校選手権と置き換えています。「俳句の都」を自負する愛媛県松山市ですが、甲子園ではなく「俳句松山」にタイトル替えできるのはいつのことでしょうか。俳句なら松尾芭蕉の生誕地の伊賀上野などが張り合うこともあるのでしょうか。甲子園ではなく松山が俳句の代名詞になっていいと思うのですが、もう少し時代が下らないといけないのでしょう。

## 日米の野球をテレビ観戦しながら

いつの間にか米国のプロ野球、つまりメジャー・リーグ・ベースボールをテレビでよく観戦するようになってきました。もう五年以上にはなります。日本のプロ野球だけでは物足りなくなってきたからというのがその理由と考えています。日本のプロ野球はもう五十年以上は観ているので、評論家きどりで野球を観る感じです。そんな訳で、メジャーリーグを観るといろいろと日米の比較をしたくなります。

まず面白く感じるのは球場です。その最大の特徴はグラウンドが日本では左右対称であるのに対して、米国はほとんどが非対称です。両翼すなわちホームベースから左翼あるいは右翼のフェンスまでの距離に差があるのがほとんどの米国の球場です。左中間や右中間にかけての形状や距離も大きく異なるのが普通です。

これは日米で平等とか公平ということについての感覚が異なるからだと思っています。日本では左右を一致させるのがほとんどです。これこそが公平（フェアー）と考えるのでしょう。（広島のマツダ球場など例外あり。）ただし左右一致でも、右打者・左打者の有利不利がかなりはっきりしている球場もある。例えば甲子園球場であり、右打者のホームランが左打者よりも多い。これは甲子園を吹く風がレフト方向のことが多いからです。

野球という試合を成り立たせるための前提としての球場（グラウンド）について、日本は形式的公正性を要求し、米国は実質的な公平性を要求していると考えます。というか、米国では球場は試合の勝ち負けという野球のチームゲームとしての有利不利には直接的に影響しないとして、自由な形状を許していると考えます。

更に、日本では鳴り物入りでの応援がゲーム中は続いています。メジャーリーグではこの種の応援がありません。ひと言でいえば、日本では野球の応援に行く人がかなりの比率を占めるのに対して、メジャーリーグでは野球を観に行く人が多いといえます。

アメリカ人は作戦を考え、自分が監督になったつもりでゲームの進行をみるのが典型です。日本は自分が好きなチームの応援が楽しいのでしょう。アメリカ人はゲーム感覚が好きで、日本人は勝負感覚が好きなのでしょう。

その一方で日米の差が縮まってきたという気がするのが、米国式の都市対抗的な雰囲気が強まってきたことです。日本での一九六〇年代や七〇年代のようなスポンサー(企業)対抗的なものが薄れ、米国式の都市対抗的なものに近づいてきているようです。都市・地方名を前に出した球団イメージとなっています。北海道日本ハム、東京ヤクルト、千葉ロッテや福岡ソフトバンクなどです。日本の主要都市に分散されてきています。米国式というか国際標準に近づいてきているようです。

最近、私は日本のプロ野球で特に応援したくなるようなチームがなくなってきましたが、ゲームを観戦するのはそれなりに好きですし、楽しめます。特に監督の投手交代采配に興味があります。自分が監督になったつもりでみているとエキサイトすることすらあります。その他作戦面では内外野の守備位置・陣形は日米の差が明確に表れるので、楽しみです。ノーアウトやワンアウトでランナー三塁の時に、内野手を前進させることの多い日本に対して、定位置にしておくことが多い米国など作戦面の差が表れるところは興味深いですね。私は米国基準に賛成ですが。その他、といえばいくらでも出てきそうです。

わが家では妻とひとり息子が地元の阪神ファンですが、たとえば巨人阪神戦があっても、私は勝敗は特に気になりません。私はどちらが勝ったとしても、試合内容が面白かったかどうか、自分で描いた作戦や選手起用が適切であったかのほうに興味があります。どちらが勝っても、自分の読みがはずれたり、解説者の説に遠く及ばないようであれば、満足度は極端に下がります。阪神が負けて妻と息子の機嫌が悪くても、私の気分が良くて、我が家全体ではプラスマイナス・ゼロ近くになることもあります。もちろん阪神が勝てばわが家は平穏無事といったところです。私は大きくいえば試合の勝ち負けよりはその内容が気になります。野球における興味の対象が若干国際標準に傾いていると自覚しています。

## 身長の時代変遷

日本のある大手メーカー勤務でオランダに駐在している学生時代の友人が、一時帰国ということで、忘年会を兼ねて学生時代からの仲間六名が中華テーブルを囲んだ。話は多岐にわたったが、彼が駐在している国に関連して「オランダ人は背が高い」という話から、日本人の身長の変遷に話が及んだ。

明治期以前で日本人の身長が一番高かったのは奈良時代だと私が言うと、一同びっくりした。その時代は成人男子で一六五ｃｍくらい（そこまでは高くなかったという説もある）で、低かったのは幕末の一五六ｃｍ程度だったと言うと、みんなから「なぜ！」と言われた。奈良時代はシカ（鹿）など肉を食べていて食料も豊富だったからで、たとえば慶事の慶は鹿という文字が関係していますね。慶事には鹿を食べたんです。などと知ったかぶりをして説明した。

私は身長については若干ながら興味を持っている。自分が低いほうだという意識も作用しているかも知れない。元々はそんなことから興味を持ったのであるが、ことは意外にいろんなことを教えてくれる。時代と共に地理的なことをかみ合わせると、ちょっとした日本史や世界史となる。以下の資料数値は OECD 2014 の How is life?をベースにして、その他の中では一部は筆者の推定もあります。

日本では明治初期（元年は一八六八年）の成人男子（以下、身長は注釈なければ成人男子）の平均身長一五六ｃｍ（主流説の一つ）から二〇一四年では一七二ｃｍ程度に高くなったと推定される。約百五十年で一六ｃｍ高くなっていますが、一九五〇年では一六〇ｃｍ程度（戦争の影響を考慮すべき）でしたから、ここ七十年弱では一二ｃｍくらい高くなったようです。西欧でもこれに近い現象が起こっています。人口が多い英仏独あたりでは一八九〇年から一九九〇年の百年で約一〇ｃｍ高くなったと推定されています。

あるいは、中国と西洋を比較しますと、一八二〇年から一八五〇年はどちらも一六五ｃｍから一六七ｃｍで、やや中国が高い程度です。これが一八九〇年には中国が一六四ｃｍで西欧が一六七ｃｍとあります。一九二〇年ごろには七ｃｍの差となり、一九八〇年では中国が一七二ｃｍで西欧が一七八ｃｍと、その差はほぼ変わらずに現代に至っています。

細かい数値についてはともかくとして、身長の推移はそのまま歴史につながっています。日本では八世紀の奈良時代あたりに背が高く、その後は一貫して低くなり、十九世紀半ばが一番低く、その後現代までほぼ一貫して高くなっている。

これは何を意味するのでしょうか。学者諸氏の分析・説明については、諸文献によればいいのですが、私のような素人でも推測できるのが、その時代の経済状態に大きく起因しているということです。端的にいって、その時の食料事情と衛生など生活環境です。

また、地理的なあるいは国際的な比較をすると、その国力・経済力の比較ができそうであることも重要です。たとえば、中国はアヘン戦争（一八四〇年）以降、西洋列強に圧迫を加えられ、経済的に厳しい一世紀であったことが、その身長でも窺えます。西洋は産業革命以降は経済的に他の地域を凌駕していました。

この数例を見ただけでも、歴史の一部分が見えてきます。世界各地の身長の推移を比較すればもっといろんなことが分かります。東南アジアがどうか、西欧と東欧は身長の差をみれば、経済的にどう差がついたか。最近アメリカ人の身長の伸びが止まっているが、それはなぜか。（ヒスパニック系人口の増加？）同じ民族でも北の地域（寒い）のほうが南の地域（暖かい）より背が高いのはなぜか。などなど、いくらでも疑問がわいてくるし、興味がわいてくる。

いろんな歴史ロマンも出てきます。十九世紀半ばの西欧が一六五ｃｍで日本の八世紀の奈良時代が一六五ｃｍ（一六三ｃｍなどの説もある）とは面白いですね。八世紀の西欧はどれくらいの身長だったのでしょうか。あるいは、十三世紀にチンギスハンが世界にまたがる大帝国を築きましたが、当時の中国やモンゴルは中東や東欧の民族よりも体格的にかなりまさってはいなかったか？こんな具合にいくらでも思いが膨らんできます。

ただ、更にというかもっともっと重要なことは、身長が典型的な例ですが、それぞれの民族のからだというものが、民族固有のものではなく、その時代や環境によって変わってくるものだという基本的なことを理解することです。民族固有の優越も劣等もないと考えます。

そういえば、オランダ人です。西欧でも最も高い国の一つで、今や一八四ｃｍくらいの平均身長でしょうか。女性は一七〇ｃｍありそうです。私が実際にオランダ人と会って話をするとなれば、見かけだけで圧倒されそうです。特に私の場合ではあるのですが、これは否定できないのです。

## 日本の治安のよさを維持するために

私が読んでいるある雑誌に米国の東部メリーランド州ボルティモア市の記事がありました。ボルティモアは二〇一五年四～五月に黒人暴動があり、特に注目されています。近年はスラム化した地域といわれ、一昨年(二〇一五年)は白人警官による黒人射殺事件をきっかけにして、大きな暴動になった経緯があります。

もともとボルティモア市域での所得水準は全米平均を大きく下回り、黒人の貧困層比率が高いとのことです。全米では人口が二十一位（二〇一〇年）ではあるが百万人にも満たないこの都市で、二〇一五年には三四四人の殺人事件があり、二〇一六年も四月中旬段階で年間二百人を超えるペースだという。

この記事を読んでいて、思わず日本のことを考えさせられました。日本ではこんなに殺人の多い地域などあり得ません。私の住んでいる人口約二百七十万人の大阪市でどれほど殺人事件があるというのでしょうか。もし日本の平均発生件数と仮定すれば、大阪市の年間殺人件数は約八人です。

ＵＮＯＤＣ（国連薬物犯罪事務所）での二〇一三年統計によれば、人口十万人あたりの殺人件数は日本が〇・二八で米国三・八二です。統計では二一八か国・地域があり、殺人の多い国から一位とすれば、日本は二一一位で、米国は一一二位です。日本は主要国では一番件数が少ない国です。米国は主要国ではかなりというか、著しく殺人事件の多い国です。西欧諸国（英仏独など）で一・二から〇・七程度です。なお、この統計はその絶対件数というよりは各国の相対的な件数比較に大いに意味があると考えています。集計手法（「殺人事件」の詳細な定義ほか）により絶対件数が上下すると推測されるからです。

殺人の多い国は中南米やアフリカなどですが、人口の多い国についていえばブラジルで二六・五四（多いほうから一四位）で、南アフリカが三一・八六（一〇位）です。殺人件数を人口比率でいえば、米国が日本の十倍強、ブラジルが日本の百倍というのがとらえやすいかも知れません。二〇一六年にリオデジャネイロでオリンピックが開催されましたが、日本の百倍殺人事件の発生割合が多い国と思わなければなりません。

そういう位置づけにある日本ですが、日本でもさして昔でもない二十世紀半ばに殺人事件の発生率が高い時期がありました。そんなことはないでしょうと言われる人が多いと思われますが、日本でも一九四七年から一九六〇年ごろまでは人口十万に対して一・八から二・四人で推移していました。前述の通り二〇一三年に日本では〇・二八ですから、第二次大戦後の混乱期から社会経済が落ちつくころまでの時期には、今の六倍から八倍と高い時代があったのです。日本はそのころも銃社会ではありません。銃がなかった時代でも殺人は多かった時代があるのです。

世界各国の政治家も学者もその他各界の人々も、この殺人事件に代表される治安事情についてはいろいろな考え方もあり、改善のための施策をしているはずですが、世界のほとんどの国は日本あるいは西欧先進国レベルには遠く及びません。私など一般人というか素人が意見を言うのもおこがましいのですが、大きくいって施策は一つでしょう。国民の経済水準のアップです。このアップは次の二つの要素に分かれます。一つは平均値のアップで、もう一つは格差の是正です。

二十一世紀も十六年が過ぎた今、難しい理論はいらないのです。貧困の撲滅と生活水準の向上と格差の改善が、治安改善の近道の一つです。急がば回れです。直接的な警察官を増やすといった施策もあり得るのでしょうが、「経済改善」がより有効な施策でしょう。

今回米国の雑誌の記事から思いついたのはまさにこのことです。大した理屈もいわずに勝手に結論づけるなと言われるでしょうが、貧困の撲滅と生活水準の向上と格差の改善が、殺人事件という凶悪な犯罪を減らすための有力な施策の一つであることに、だれも文句のつけようがないと思っています。

## 政治家の資質を比較、日米中

昨年は米国の大統領選挙があり、大統領候補といわれる人たちのことも多少知るようになる。四年に一度の政治ショーであるが、トランプ候補やサンダース候補など非常に特色のある人の出現で、改めて政治家の資質なるものを考えてみる機会となった。日本の政治家についても日頃思っていることもあり、合わせてその比較という意味からも中国についても私の思っていることを整理してみたい。

米国ではやはり演説のうまいことが政治家にとって重要だと感じるのです。美辞麗句を並べるということではなく、聴衆に訴えかける力がその資質の第一ではないでしょうか。テレビ演説でもそうです。要するにその直接的なコミュニケーション力です。いつのころからそうなったのか、米国大統領の伝統的な部分といえるのではないでしょうか。レーガン大統領（一九八一～一九八九年在任）は「偉大なコミュニケーター」と呼ばれた。F・D・ルーズベルト大統領（一九三三～一九四五年在任）は三～五分の演説に何十時間も準備したなどという逸話もある。

翻って日本はどうなのでしょうか。近年は多少の変化が出てきたのでしょうが、伝統的には調整能力のある人が政治家ということになるのでしょう。米国に比べて歴史は長いですから、時代により差があると思われますが、日本では政治指導層の中での調整能力のある人が政権の中心を担ってきたのだと思います。トップリーダーは広く国民を相手にするのではなく、政治指導者たちをうまくまとめる力こそ必要であったと考えます。一時期の後醍醐天皇や豊臣秀吉などが独裁的な権限を持ったかも知れませんが、明治以降も含めて、指導者の合議制であり、トップリーダーといえども突出することはなかった。

比較の意味で中国のことも触れたいのですが、私の感じる限りでは、その政治形態からしてトップリーダーを文章で説得できる人が実質的に政策実現したのではないでしょうか。中国は何千年にわたって皇帝独裁の政治体制でした。二十世紀に入り共産中国となりましたが、実質は党主席が皇帝のようなものでしょう。文章といいましたが、皇帝への上奏文のことです。

古い話になります。約千八百年前の有名な「三国志」からの例ですが、蜀の国の丞相（首相）である諸葛孔明の上奏文である「出師の表」（古今の名文といわれる）にて時の皇帝の承認を得て、軍を興します。伝統的に皇帝とその官僚による政治体制は、官僚によって起草したものを皇帝が裁可して実行されます。官僚は皇帝にのみＯＫをとればいいのです。

米国では歴史は浅いものの、政治家の一つの資質である演説能力は普遍的なもののように思えます。国民・大衆への説得力です。日本は長い伝統を保ってきたものの、近年は米国型に少し近づいてきたようです。中国はどうでしょう。二千年の歴史で皇帝専制の官僚国家が、共産党の官僚国家に変わっただけで、大きな変化はなさそうです。

そんな中で、日本で政治家と呼ばれる人に求められる資質は今後どのようなものになっていくのでしょうか。要するにリーダーに求められる資質ですが、私には明確な回答はできそうにありません。ただ、別の観点ですが、その点について補足したいと思います。

あらゆる素質の中でリーダーというものは稀少なものであり、天賦のものである、という説があります。私もその説に賛成するものです。そして、更にひと言付け加えれば、その才能は時代と場所の中で規定されるものであって、普遍的なものでもないと考えます。

米国型の政治制度ではそれにふさわしいリーダーというものがあるのでしょう。日本の議員内閣制であれば、それにふさわしいリーダー像があるはずです。たとえば、日本の憲法が変わって大統領制になれば、これもまた異なったリーダーの理想像というものがあり得るのでしょう。中国には中国のリーダーが必要なのです。

よくいわれるように、日本は政治の分野でリーダーらしいリーダーがなかなか出ない。日本の政治形態の骨格が変わらない限りは、若干米国型に近づく程度で、大きな変化は現れそうにない。というよりは、日本では強い、強すぎるリーダーを求めない伝統の中での政治であり、その基本的な政治哲学が日本の底流にある限りは今と大きく変わらないのではないかというのが、敢えていえば私の予想のようなものです。これにはいいも悪いもないと思っています。

## 顧客と店員との上下関係

最近ラジオの英会話番組でサンキューの使い方についての話がありました。欧米というか英語圏では、Thank you.（サンキュー）の使い方が重要であり、むずかしいとの説明がありました。

たとえば、スーパーで買い物をしてレジで精算した時に、英語圏では客がレジの人に対してThanks.（要するに「サンキュー」）と礼を言うことが多い。一方で日本ではあまり「ありがとう」は言わない。客はぶすっとしているし、店員の応対が少しでも遅れようものなら、露骨に「はよせんか！」と怒鳴る人がいる。（ただしこれは大阪のことですが。）客のほうが店員よりも上であって、客は言いたいことを言える。なにやらそういう関係が成り立っていそうです。そこには人間どうしの対等な関係はない。

お客様は神様というのは日本だけでもない。英語圏でも同様のことばもある。ただし、それは店がいくら販売しようとしても客が購買するという行動がなければ売買は成立しないという、言い替えれば、店が儲けられるのもお客様がいるからだという認識に基づいている。

日本の場合はまず上下の関係がきて、その関係により行動が優先的に規定されてしまうことが多いのではないでしょうか。英語圏では少なくても建前として、人間は対等である。英語圏の人でも「この店員のバカヤロー」と思う時もあるでしょうし、少しも感謝していない人も多いでしょう。しかし、感謝のことばを伝えることが、あいさつで「おはよう」と言うのと同じようなものであり、いわば社会の一員としてのコンセンサスです。

ただし、会社をはじめとする組織やグループの中では、一般社会における第三者と第三者との関係が成り立たないのです。会社のような上下関係がはっきりしている組織では、自分より上なのか下なのか、同じなのかによって自分の相手に対する行動様式が全く異なります。軍隊などはこれが最もはっきりしている組織の例でしょう。

他人であり、他の組織に属する人を罵倒するなどというのは、どういうことから行われ、それが社会でも許容されているのか、私には不可解なのです。どこかのスポーツクラブの受付で、受付担当者の対応がやや遅れたくらいで、なぜ罵倒するのか。そしてそれが特に問題にならないのか。それこそ不思議でたまりません。お金を支払っていることがそんなに偉いのでしょうか。「俺はお金を出してこのクラブに来てやっているのだ。お前はお金をもらっている者だ」と考えて自分が一段上だと思い込んでいるのです。ちょっとしたミスをとらえて、猛然と責め立てるなどということは見ていて恥ずかしい限りです。

日本人は建前を重んじているが欧米ではそうではないといわれますが、それは一面に過ぎません。たとえば、英語圏では建前を重んじて店員に感謝の念を伝えます。日本人は建前ではなく、実質的に思った通りのことを行います。逆説的ですが、日本人も社会の全般的な人間関係において、もっと建前どおりに行動すればいいのにと思うのです。「ありがとう」と人に伝えるように学校では教育を受けたはずです。

ただ、店員でも明日退職する人であればどうでしょうか。アルバイトでいつやめてもいいと思っている人でも同じことです。客が店員のちょっとしたミスをとらえて猛烈にくってかかったとして、私なら、明日退職するのだから、言い返してやりたいですね。客から「店長を呼べ！」と言われたら、その喧嘩をかってやりたい。

店員にとっては給料をもらっている店や勤務会社が怖いのであって、客が怖い訳ではない。客にしても店長に言えばその店員は怖がるだろうと思っているから、自分は店員よりも上の立場にあると思い込んでいるだけである。自分が少しでも上の立場にあれば、偉ぶり、下の立場にあれば縮こまる。なぜそんなことをする必要があるのか。他人が困る様子を見てそんなに面白いのですかと言いたい。

人は基本的には対等だと思います。自分より上か下かはその属する組織内でのことですし、その上下も組織の役割に関することのみにおける上下関係です。社会全般では通じることはないのです。会社や役所で上下関係があり、それによって行動が規定される部分が多いのですが、それを離れれば上下関係は忘れたいですね。それとも「人の数ほど身分の上下がある」といわれるほどの江戸時代に逆戻りしたいのでしょうか。

# 第三章　国際ビジネスパースン

## 相続できるのは財産か才能か

私の勤務していた会社は規模でいえば大会社であり、従業員(連結)も数万人といってよい。その中には私などと違った育ち方をした人もいる。一口でいって上流家庭の子弟である。理由はともかくとして、父親が大臣になった人、高名な学者であったり、もちろんそれなりの資産家もいたと思われる。

そんな中で、私が会社にもいろいろな人がいるのだと多少なりとも分かったと思われる人がいた。今でいえばあるセレブを親に持つKさんであり、一時期私の上司であった。当初あまり人柄がよく分からなかったが、何か月か経ってくるといわば坊ちゃんらしいところが見えてきた。悪い意味ではない。いい環境で育ったのだろうし、経済的にも恵まれていたのであり、人がいい。サラリーマンにとって多少はほしい「人の悪さ」がなく、世間ずれしていない。私の好きなタイプである。仕事ができるというタイプではないし、仕事に厳しいということもない。部下が助けないといけないタイプであり、部下が助けたくなるタイプである。

人に対する評価はひとり一人異なって当然だが、Kさんに対しては概して、上からは仕事に厳しいところがないとか、下からは頼りないとかといわれていた。私もこの点は同感であった。

それでも同じ職場の中のサラリーマンでいるのだから、組織で助け合って働けばいいのであって、一人の仕事能力を云々しても仕方ないと思っていました。Kさん本人は日頃からアルコールの量が多く、よく出勤が遅くなることがあった。会社は管理職になれば出退管理はあってなきがごとしで、遅刻など問題になるような職場環境ではなかった。私にとってはよい上司であり、仕事はやりやすかった。

そんな折りに夏休みの時期となった。盆だから休みをとるということでもないが、当時会社では夏の期間の適当な時期に各自が三日間から五日間くらい休みを申請し、取得していた。私は独身でありながら特にどこに行きたいということもなかった。ある時Kさんと夏の信州について話していたところ、なんでも学生時代は登山部であったというのである。信州は多少知っているという。そして、乗鞍だったか穂高だったか、

「別荘があるから、行ってきたらどうか」とKさんに言われた。

「明日にでも別荘のキーを持ってくるよ」

と言われてドキリとした。

そう言われても困る。上司にそんなお世話になる訳にはいかないだろう。理由は、夏休みのことぐらいは会社に頼らず、自分でやるということぐらいでしょうか。とにかく、丁重にお断りするよりなかった。どんな別荘か、友だちを呼んで行けたらちょっとした夏の思い出になる

かも知れないとも思ったが、こらえざるを得なかった。

いろいろとかわいがっていただいた上司である。私は上司の仕事をサポートするのも一生懸命に頑張った。数は少ないが二人で飲む機会があった。ある時Kさんが部長から叱責されたようで落ち込んでいる様子であった。部下の私としては同情するという意味ではないが、慰めるほうに回る。次第にKさんのアルコールの量が増してくる。そこで私に一言漏らした。

「親の財産は相続できるが、頭は相続できないな」と。

上司の悩みはこれにあったのだ。信州の別荘とは別に、噂では東京の国立市あたりに塀構えの家をもっていると聞いたこともある。もちろん、親から相続したであろう印税も入ってくる。会社の給料などはそれに比べれば、どうということもない。経済的には何の心配もないだろう。しかし、親から受け継ぐものは知れている。それこそKさんの悩みであろう。

あの一言を聞いて余計にKさんが好きになった。よく分かっているじゃないですか。働かなくても食っていける人が、サラリーマンの給料で暮らしている。上司からは叱責される。会社なんかやめたいと思っても不思議ではない。そんなKさんが何十年にわたってサラリーマンをやっている。立派なものだと思う。少々アルコールの量が多いぐらいは問題にもならない。

世の中、親がどうだの、財産がどうだの(どうせ遺産)と自分のことをそっちのけで利用する人がいる。それに比べれば、Kさんは自分で自分を生きようとしている。すばらしい。私はこんな人が好きである。

この上司との仕事上のライン関係は一年半であった。その後十五年ほど経って、今度は関係会社への出向ということで、二人は同じ部屋の職場ということになったこともあった。Kさんが定年退職されて、一年後くらいに会社で会うことがあった。来訪されたのは昼前であったが、口元からはアルコールの臭いがあった。酒の量が増えたのだと思ったが、それがお目にかかった最後であった。

## 国際ビジネスパースンの契約交渉術

長年会社員をやっていると自分なりに修羅場をくぐったなと思う経験があります。私の場合には一九九〇年代の前半のある時に、思い出に残る契約交渉がありました。六月三十日に日本を出て、八月一日に帰国しましたが、七月はまるまる日本にいなかったことになります。

ドイツのフランクフルトに会社の事務所があり、相手先はオランダ国境に近いところで、デュッセルドルフからは車で三十分ほどのところです。私は当時輸出課の課長代理で輸出の実質的な責任者でした。上司である部長と現地駐在の所長の三名がチームを組むようにして相手方と部が扱う製品の欧州における販売権に関する契約交渉に臨みました。

担当の私にとってはそれほど重要な任務という認識はなかったのですが、部長は真剣そのものでした。なにせグループ従業員二万人を超える会社の社長に、ヒラの部長が直接連絡をとって行動している。事業部長を兼務している常務取締役を素通りして部長が交渉を指揮している。そういえば繊維本部長の専務取締役も飛び越えていました。

相手の会社は従業員が百名を超える程度の繊維会社である。わが社は十年余り前にわれわれの部が扱う素材商品を欧州で販売する契約をこの会社と結んでいた。近年は扱い量が減り、新しい販売パートナーを見つけるべく、現在の相手との契約をまず解消しようとするための交渉でした。この契約は様々な経緯があって、本社経営陣が注目する政治的な扱いをうけるテーマとなっていました。

この契約に関する直接交渉の日程として、当初は日曜に日本を出て一週間してその土曜には帰国するという予定の出張でした。週末の金曜あたりにはイタリアのミラノでの関係先を訪問して、しゃんしゃんで出張終了を目論んでいました。

直接交渉の進め方としては月曜の朝から始めて、火曜夕刻までの二日間で契約交渉の主要な部分についてかたをつけるつもりであったものの、ことは簡単ではありませんでした。当方はドイツ人弁護士に意見を聞いたうえでの折衝でしたが、相手も弁護士と事前の入念な打ち合わせをしていた様子が窺えました。

部長は予定通りにその週末に帰国し、私が残され、フランクフルトに釘付けとなりました。ホテルが事務所の隣にあったのは楽でしたが、毎晩遅くまで事務所に残ったので、ゆっくりホテルでくつろぐ時間もなかった。ちょうど夏時間であり、時差七時間で現地夜中の十二時まで頑張れば大阪の朝七時でファックスが間に合う。朝の九時前に大阪の事務所にファックスが入っていれば、当日の大阪の午後四時に電話での打ち合わせもできる。われわれフランクフルト側からの部長への報告は、その日に部長から適宜社長に直接報告しているとのことであった。

相手先とフランクフルト事務所との往復が続き、同じくフランクフルトにある弁護士事務所にも毎日のごとく繰り出した。わが社のフランクフルト事務所長とチームを組んだが、大阪からは私がひとり残された上に、二週目から三週目となって交渉は膠着状態となった。交渉のポイントはわが社製品のＰＬなど製品保証に関する事項と、契約の解消に伴う補償金額であり、あとは在庫の処理が若干の問題を残した。特に製品保証は当時流行語ともなっていた無過失責任などというものに非常に神経質になっていた。日本側もそうであったが、ドイツ側も同じく神経質になっていた。

この英文での契約は英語ということばの問題も関係して、こじれにこじれてきた。補償金額のことはいくらなのかという問題であり、何千万円であっても何億円であっても会社としてある意味ではたいしたことではない。ただＰＬとか無過失責任などという問題は将来の負担すべき金額が確定しないし、予想しづらい事項であり、双方とも慎重にならざるを得なかった。ことばの法的解釈やニュアンスなど、これまた双方ともに弁護士に相談しなければならないものであった。

そうこうしている間に大阪の部長に焦りが見え始めてきた。なにしろ本社の社長から特命を帯びて契約を「切れ！」と言われている訳で、今回の契約交渉の首尾によっては自分の将来がかかっているのである。「相手があまり理不尽なことを言うのなら、交渉を打ち切ることも考えろ」と私に言い出してきた。私自身も打ち切りも頭をかすめたのですが、妥協はできないとはいえ相手を説得することも可能であると考えて、作戦を練り直してみました。

三週目も終わると、七月も二十日を過ぎる。もう夏休みに入ってしまう。ドイツの夏は日本より早い。感覚的には半月程度前倒しである。今度は私が焦りだした。駐在員も四週目末には夏休みに入る。日本側の大事な交渉メンバーの一人であるが、家族旅行の予定が入っているし、そのキャンセルはできないという。これも致し方ない。つまり、私ひとりで相手社長と交渉するということであった。

私も切羽詰まって、

「これが日本サイドで認められないと、契約できなくなります」

と日本側に伝えた。部長からは、

「もういい。帰って来い。相手には契約解消で提訴すると通告しろ」

との指示であった。つまり、

「弊社は現状の契約を解消すべく、貴社を提訴いたします。また、これに伴い弊社独自の販売活動を開始する権利を留保するものであります」

という内容の最後通牒を出せというものであった。

　私は窮地に陥りました。このままで帰るのなら、今までいったいどんな交渉をしてきたことになるのか。開き直って交渉を打ち切り、帰国しようかとぼんやり思い始めた時、「あれっ！」とひらめきました。最悪日本に帰ればいいのであれば、もう少し交渉してみるか。部長も契約解消が成立となれば文句のあるはずもない。この契約交渉は最悪決裂するのだ。どう転んでもいいのなら、自分のやり方でやろうと思ったのです。契約交渉の全権委任状をもらったようなものだと確信したのです。

　部長には、

「まだ少しは脈がありそうなので、交渉を続けてみます」

と言い、相手社長には、

「日本からは妥協するくらいなら決裂させたほうがいい。裁判を起こして契約解消させろといった指示が来ないとも限りません。このあたりで手を打たれてはどうですか。私も裁判所での訴訟は望みません。長引くとお互いに金も労力もかかりますし、無駄な努力をしなければなりません」

などと臭わせた。

会社員にとって、上司から仕事を信頼してもらえばこんな楽なことはない。会社員が困るのは上司が何を思っているのか、上司にどう報告したらいいのかが分からなくなる時です。自分に交渉を任せてもらえるならこんなやりがいのあることはない。いい考えも浮かぶというものです。

四週目の終わりから五週目の初めにかけて契約（現状の契約を解消するという契約）成立に進み始め、契約文案の詰めを迎えた。部長は事の意外な進展には驚かず、ひと言だけ私に指示した。契約文言の最終決着は、相手事務所ではなく自社のフランクフルト事務所でせよとのことであった。七月三十一日に相手社長と握手をして、

「ミスター　○○○、タフネゴシエーター！」

と言われたことは、なかなか忘れられない。その夜のＪＡＬ便で帰国することとなった。六月三十日に日本を出て、八月一日帰国となったが、こういう出張もあればあるものです。

「交渉を打ち切って帰って来い」と言われなければ、どうなっていたか分からないとつくづく思う。このことばには、部長の、

「そこまで頑張ったのだからもういい」

という思いと同時にその反対の意味として、

「最後にお前の好きなようにやってみるか」

との意味も隠されていた気がしている。部長とて社長へ、

「交渉決裂で、裁判所での訴訟となりました」

とはなかなか言えるものではないはずです。考えてみれば、それまでの私と上司との信頼関係のなせる業ともいえるのです。


部長は契約締結が完了した時に、東京本社で社長から、

「U君、ご苦労、よくやった。いい交渉だった」

とお褒めのことばをもらったと、私に話がありました。その部長は翌年には本社中枢の要職につき、その数年後には取締役に就任しました。


会社員の交渉術などと大げさなことをいうつもりではありませんが、交渉担当者に権限が与えられれば、交渉はうまくいくことが多い。交渉担当者の上の者が権限を持っていて交渉担当者にあれやこれやと指示して、最後に自分が責任をとらない。これではその担当者は満足な交

涉はできません。

全権委任状とまではいいませんが、自分の交渉権限を最大限に確保して交渉にあたる。これがそれ以降の私の会社員生活を通じて肝に銘じた契約交渉術です。

## ミラノでも寛容な上司

仕事で欧州、特にドイツとイタリアに出張することが多かった。事業部の輸出関係の担当責任者として一九八九年からの九年間はこれでもかというくらいに出張があり、平均しても年間四十~五十日で、多い年には六十日を軽く超えた。

拠点はドイツのフランクフルトとイタリアのミラノであるが、会社のミラノ事務所長は五年先輩ではあるものの任期途中では逆単身者になっており、特に週末は飲み友だちとなっていただいた。

大阪本社の事務所では年に何十日も欧州に出かけて、特に若い社員からは「いいですね！」などと冷やかされることもあったが、同じところを何回訪れても新鮮味はなく、楽しいという訳ではありません。もちろん最初に訪れるところは多少なりとも好奇心をくすぐられたこともありました。

自分では海外でも一生懸命仕事をしているつもりではありましたが、少しは仕事を離れてみたいという気持ちもわいてくるというものです。そんな時、一九九〇年代前半ですが、夏にミラノで日本人女性二人と友だちになりました。こちら男性側もその事務所長に登場いただいて、私と二人ということになりました。仕事を終えて特に週末には彼女らと事務所長と四人で夕食をして、そのあとディスコに行ったり、時には国境を越えてスイスのカジノに出かけたりで、楽しいものでした。

彼女ら二人はミラノに声楽の勉強のために留学中で、年齢は二十代の半ば過ぎといったくらいで、二人とも外見もチャーミングといってよかった。私はそのころは二か月に一回は欧州に出張していましたが、出張のたびに四人で集まりました。

ミラノ出張の楽しみが出てきてから一年も経過すると、今度はミラノ事務所の駐在員が任期を終えて帰国となりました。そんな折りに、大阪から私の上司Aさんに同行して二週間余りの欧米出張が計画されました。当時ミラノの新駐在員とはまだ関係構築とまではいっていませんでしたので、ミラノ滞在の際の、特に夜の計画は私の立案ということになりました。

仕事のことはOKです。私も慣れてきていましたので、心配はしていませんでした。ただ、彼女ら二人との約束をどうしようかという悩みが出てきました。Aさん優先のスケジュールですが、週の後半数日間のミラノ滞在のあと土曜にはベニスに入ることになっていました。ベニスに二人を誘ってSさんと四人で観光ということも考えたのですが、そこまで準備するのは大変だと感じました。ということで、金曜の夜に彼女たちと会うことにしました。Aさんとは食事のあとに別れれば何とかいけると考えたわけです。これが甘い計算で、あとで大慌てとなってしまいました。

米国(ニューヨーク)からイタリア、ドイツという大出張でしたが、仕事は順調に進み、ミラノでの金曜の夜となり、Aさんと二人で夕食をとりました。そこまでは予定通りでしたが、Aさんとの話も弾むし、このままホテルに戻って翌日のホテルの朝食で会うという状況ではなくなってきました。私はじりじりしてきて、食事も終わりのほうになると喉を通らなくなるのを感じました。時計を見ると女性たちとの待ち合わせ時間が迫っています。

私は意を決して、日本食レストランにいる彼女たちに電話を入れました。当時は互いに携帯は持っていない時代でしたから、店から店に電話を入れたはずです。

「Xさん、これから会社の人と二人で行くことにしたいんですが、いいですか。五十半ばのジェントルマンです」と、頼み込んだ。

「○○さん、どうぞ。待ってますよ」

と声楽のプロらしく、よく通る声で返事があった。

「もう食事は終わっているよね？その店のカラオケの部屋を予約して、そこで待っていてくれる？それから、会社の偉い人で、私の上司なんです。その辺、よろしくね」

と付け加えた。

「大丈夫、任せてください」

と言われた時は、さすがに私も安堵した。

　タクシーで十分程度で待ち合わせ場所のカラオケバーに着いた。九時過ぎだっただろうか。Aさんは、

「○○君とはどこで知り合ったの？」

とだけ彼女たちに聞いたが、そのあとはやぼなことを詮索しなければ、聞きもしない。ビールを飲み、ワインを飲みながら、楽しく歌う、話すのである。

　私が当初心配していたのは、私と彼女たちの馴れ初めからその時に至るまでの経緯を説明するようなことだけは避けたいということでしたが、まさに杞憂とはこのことをいうのでしょう。彼女ら二人の高級コンパニオン顔負けの対応ぶりに、Aさんも上機嫌で店のカンバンの時間も忘れてしまいました。

　翌日ベニスへの移動の際だったか、Aさんから、

「〇〇君、今まで女性に振られたことがないんじゃない？」

と言われた時には参りました。

「いえっっ！」

と首を振りながら、Ａさんの顔を見ることができませんでした。買いかぶられたものです。しかし、ありがたいことばでした。前夜のことはＯＫということだ。よし、また仕事を頑張ろうと、奮い立ちました。米国ニューヨークに始まって、イタリア、ドイツの出張は充実しきったものとなりました

予定通り帰国してから、Ａさんは会社ではミラノの彼女たちのことはひと言たりとも話を持ち出しませんでした。私はＡさんに何とお礼を言ってよいのか分かりませんでした。上司であるＡさんとはそれまでの仕事関係もさることながら、僭越ということになりそうですが、人間どうしの阿吽の呼吸が成り立ったような気がしてなりません。

海外と日本でどう変わるのかといわれても返答に困ります。パスポートを持って海外に出て、ふと普段とは違う雰囲気を味わいたいと思った時、海外で仕事や役割を離れて、外国人ではなく海外にいる日本人と話をすることの雰囲気は、時により心の安堵感を得させてくれるものです。Ａさんと私は、懸命に仕事した中でその安らぎを共有することができたのであり、それこそが思い出となって今でも心に残っているのです。

## 欧米ビジネスパースンとの話題

一九八八年からの十年間で、私の海外出張は欧州を中心に四百九十日を超えた。一年で平均七週間になる。特にドイツとイタリアは多かった。この二カ国だけで三百日は軽く超えた。米国へも百日近くは出張した。これらの出張経験も踏まえてみて、いささか古い話になりますが、欧米ビジネスマンとの付き合い方の中で、その話題について振り返ってみたい。

まず、当然ながら仕事上の付き合いであり、仕事能力が一番必要であることはいうまでもありません。私はその直接的な仕事の時間の話題のことではなく、別に過ごす時間における、仕事の一環としての話題のことについて述べたいと思っています。それは会議の席上の雑談でもいいいし、ビジネスランチの席でもいい。もちろんディナーも含まれている。

会社員として仕事で成果をあげようとすれば、私が勤務していた会社のようなメーカーであれば、会社がいい製品を生産してくれれば全く問題ない。営業するほうもこんな楽なことはない。私が少々能力のない営業マンであっても販売できて、会社は利益を計上できる。そうでない場合やあるいはそうであっても更に利益を稼ぎだそうとした場合に、たとえば営業マンと相手先の人との間に何らかの人間としての共感を得るものがあれば、会社の利益に貢献できる割合が少しは上がると考えるのです。

みなさんは私が最初にドイツとイタリアと述べたことに気がつかれたのではないでしょうか。両国ともサッカー大国です。ワールドカップでは二〇一四年までの二十回のうちこの二か国で八回優勝している。最多五回は南米のブラジルですが、欧州全般でサッカー熱はものすごいが、この二か国もすごい。そんなことで、イタリアの相手先とサッカーの話をすると盛り上がる。今でこそ日本にもJリーグのようなプロリーグがあるが、一九九〇年当時にある程度話題にできるレベルのサッカーの知識を持っているのは日本のビジネスマンではまだ少なかったはずです。一九七〇年大会の準決勝である西ドイツとイタリアの歴史に残る一戦のことなどを話すとイタリアの相手先に感激された。（なぜそんな古い話まで私が知っているのかはどうでもいいのですが。）

「明日の商売の話が少しは進めやすくなる」という訳です。

ミラノにわが社のエージェントをしている小さな会社がありました。一九九五年だったと記憶しているのですが、車で出張している途中、ベニスまではまだ車で一時間以上かかるところの教会の側で休憩した時のことです。なんでもその教会が歴史あるそれなりの有名なところのようでした。私は西ローマ帝国が滅んだ原因でもある三七五年フン族の大移動なども関連し

ているのでしょうかと、質問とも何ともいえないことを話すと、その社長は、

「ミスター、○○。あなたはなぜそんな歴史のことを知っているのですか。びっくりしました」

と言われ、こっちがびっくりしたものです。

「日本の高校の世界史でそのようなことを学習しました。一般の人よりは少しは歴史のことを知っているほうかも知れませんが…」

などと注釈を入れました。その後の西ローマ帝国滅亡のことなどをちくりと話して、話は切り上げました。

その社長はそのあと私をインテリ扱いしました。逆に、おかげでいっしょにいる私の上司からひがまれて、

「いい格好するな！」

と嫌みを言われたのには閉口しました。とはいえ、そのイタリア人社長は、自分は日本のことをほとんど知らないし、知っている有名な日本人といえば「アキラ・クロサワ」だけだと言っていたことは今でもよく覚えています。

一方ドイツ人ですが、イタリア人より少し堅いイメージがあるのですが、サッカーについては興奮しますし、イタリア人にも負けていない。ドイツ人にとってのサッカーは、日本でいえばサッカーと野球とラグビーとその他数種目を合わせたくらいの人気をもつといった感覚で

しょう。

サッカーワールドカップの一九九四年大会のことです。私はちょうどそのころドイツ出張中でして、あれは準々決勝の日でした。夕食を終えてフランクフルトのホテルに戻るとホテルのロビーに人はほとんどいない。そういえば、街にもあまり人はいなかった。サッカーの試合が終わる時間帯であった。街は静まり返っていた。

「あっ、ドイツは負けたのでは？」

と思って、部屋に入った。結果はその通りでした。フランクフルトの街中、いやドイツ中が声を失い静まりかえったのでしょう。そんなことで、ドイツでもサッカーの話をすれば話題に事欠くことはないのです。


予想外と思われるのが米国です。ニューヨークで繊維関係の中小企業の社長S氏との夕食でした。一九九二年の話です。そのS氏のジャケット左上のバッジから政治の話となりました。共和党の選挙応援に関するものだったのです。米国では野球と政治と宗教の話はするな、というのが日本人に対する一般的なアドバイスと思われていましたが、どうもそうではないと感じました。

小さな企業の社長とはいえ伝統ある会社でしたから、一応エスタブリッシュメントの一員を自負していたばりばりの共和党支援者のようでした。米国大統領選挙たけなわのころで、かれは今の政治家はいい加減なやつばかりだとぼやいていました。ところで日本はどうだ。日本は政治のことを自由に話していいのかと聞いてきたので、

「自由に話していいか？」

にこっちがびっくりでした。

「〇〇くん、話はわかる？」

と私の上司の事業部長に言われましたが、それほど問題なく話し合えました。入社来十五年間ニューズウィーク誌を購読していましたから、大統領選挙の話題でも一通りはこなせました。この時は私の事業部長から褒められたことを覚えています。

　また、米国では家庭や個人生活に関わることはしないのは当然です。今でいう個人情報的なことです。スポーツや映画などはだれも傷つけないのでいい話題となるでしょう。野球がだめというのは米国人の間の話です。野球は都市対抗のイメージが日本とは比較にならないくらい強いので、話題とするのは若干リスクがあるのでしょう。日本でいえばトラキチの阪神ファンとどこそこのファンといった構図が想像されます。

　当たり前のことでしょうが、相手が興味を持っていることや共通の話題が望まれる訳で、こ

の点は日本人と同じでしょう。違うのは欧米人と日本人では、普通はこれら話題に差があるということです。仕事での話題づくりというのも恋人とのデートと同じで、相手の興味がわくような話題を知り、それについて準備するというのが鉄則です。好きな恋人のことなら勉強するが、仕事ではそんなことはやれないと放っておくと、痛いしっぺ返しをくうことになります。

日本のサラリーマン諸氏が得意な仕事の話だけではやはり物足りないと思うのです。それはなぜでしょうか。仕事だけではその人そのものが見えてこないからです。その人の考え方（これは会社の考え方の反映とみなされる）や行動様式などが見えづらいからです。仕事だけでOKの場合もあるでしょう。いい製品を適正な価格で販売できるような会社の営業担当であれば特に余計な心配はいらない。英語が堪能であれば、更にいいでしょう。それでももうワンレベル上げるには仕事とは直接関連しないもので補完できるものが必要ということになります。そのためにどんな話題を選択するのか、どれだけ準備するのか。やらなければならないことがたくさんあります。

上司や会社の批判と自分の家族のことを話題の中心にする日本のサラリーマンの多くにとっては、欧米人との仕事上の付き合いにおける話題の選択とそれに対する準備は、最初は戸惑いを感じるものかも知れませんが、習慣となればこれも仕事と割り切れます。そして大いにやりがいがあるものだと自分で確信を持てるようになるのではと、私は今でもそう思っています。

## 会社員の付け届け

二〇一〇年代の半ばに入ったこの時代に、会社員の付け届けなどあるのでしょうかと思われるかも知れませんが、このあたりのところを見つめたいと思うのです。この付け届けですが、盆暮れのものに限らず上司への金品の贈答と考えればいいでしょう。

私が会社勤めをスタートしたのは一九七〇年代の後半でした。退職するまでの期間に付け届けについていろいろと考えることもありました。少しばかり悩んだこともありました。私が勤めていた会社は大規模な会社グループといったほうがいいのですが、グループ会社全体として基本的には盆暮れの付け届けは禁止です。また、対外的にも(得意先など取引相手先)にも会社から贈ることとは禁止です。基本的にはといいましたが、実際ゼロではないでしょうが、かなり厳格に運用されていたというのが私の認識でした。

ここでは会社間のことはさておきます。自分の上司と自分の部下とのことについて考えたいと思います。自分自身の経験でいえば、自分の部下からもらったことはありません。部下が少なかったからという事情も考慮しなければなりません。贈ってくれれば悪い気はしないというのが一割で、あとの九割は贈ってくる人がいなかったので、余計なことを考えずに済んだという感じです。

さて、自分の上司についてはどうかといえば、盆暮れでは二回、昇進祝いに一回、海外出張の土産は何回もありました。海外出張の土産については個人的に上司に会社で渡しましたし、会社の周りの人からも特にとがめられるといった感じはなかったと記憶しています。ただし、これは一九八〇年代の昔のことで、最近ではどう受け入れられるのかは、逆に興味があります。

盆暮れでは二回(一年ということになります)贈りました。なんとなく贈ったほうがよさそうなことを言われたような気がしたためです。この上司は同じ部内で私が贈ったことをほのめかしたので、そのあと止めました。気まずかったですね。一回で止めるのもあまりにも露骨でしたから、もう一回だけ贈って区切りをつけました。

昇進祝いは私の元上司でした。本当にお世話になった人でしたから、数万円の商品券を贈ったのですが、添え状を書きました。それを書くのに何時間もかかったのを思い出します。

贈ってから半月ほどして、その元上司が大阪出張の時に私の職場に立ち寄り、数人で談笑していた時に、私のほうに近づいて「すまんかったな」とひと言ありました。それだけでなんのことか分かりましたし、好意的に受け取っていただいたのだと即座に理解できました。

会社の中では、人によってはというか上司によっては、盆暮れすなわちボーナスが出る時に重なりますが、それなりのものを贈るのが当たり前と考えている人がいます。昨今では少なくなってきていると思いますが、案外と多いかも知れません。

これは社内における噂ではありましたが、付け届けに係わり、実際にある事業部長が部下である部長格の一人を抜擢し、ある部長格の人とは喧嘩して左遷するどころかその人の会社生命を奪ったなどということが、まことしやかにいわれました。その時の本当の事情は推測するよりないのですが、大まかな話でいえば、抜擢された人は盆暮れの付け届けは何万円（ひょっとして十万円を超える）というものを贈り、左遷された人はその種のことはやらず、真面目といわれる人でした。ただ、付け加えるとすれば、抜擢された人も左遷された人も、私の目からみて仕事については優秀でしたし、人物的にも尊敬すべき人でした。

要するに、付け届けをするかしないかは、その上司を自分自身がどう判断するかだと思います。自分の上司が贈るべき人なのか贈るべきでない人なのかを選別することです。贈るべき上司であると自分自身が考えれば、贈らないと損ということになります。必要悪だと割り切るべきです。贈らなくて昇給・昇進のチャンスを逸するのは会社員として悔しいことです。自分の意思では贈答などはいやであっても、そこは耐えて我慢してでも贈るべきでしょう。

会社員として重要なことはその上司がどのようなタイプの人間であるかを峻別できる能力を養うことでしょう。この能力がなければ、付け届けもちぐはぐなものとなります。これも会社員としての能力であり、仕事のうちに入ります。

これとは別に、本当に祝いをしたいし感謝の念を伝えたい、けれども会社の人であり、かつ、上司であるという場合はどうすべきか。迷う必要はありません。これはごますりを超えたものです。猟官運動でもなければ出世のためのものでもないと思えば、自分自身の本当の心が伝わるようにして贈ればいいと思っています。

社内における盆暮れの付け届けの実態はなかなか明確になるような種類のものではありません。自分が働いている環境をよく見直してみることも重要だと思います。付け届けの実態を知らぬは自分だけという訳にはいかないでしょう。

自分が上司だったら受け取らないのになあと考えるより先に、自分が上司に贈るべきかどうかを考えるべきです。必要なら贈って自分自身が昇進できるようにするべきです。その上で、自分が昇進して部下を多く持つようになったら、付け届けを受け取らないようにすればいいのです。というよりは、そのような人に昇進してもらって、付け届けがいらない環境をつくってもらいたい、というのが退職した私の願望であります。

## 自分の部下が褒められた時

会社員にとって自分の部下が褒められた時はどういう気持ちになるか。自分すなわち上司自身の受け取り方は完全に分かれる。自分のことのようにうれしくなるタイプと腹を立てるタイプの二つです。

普通はうれしいと思うと私などは考えるのですが、そうでない上司もいるようです。ある人の部下を褒めるというのは、同じ会社の人からでも他社の人から褒められる場合でも、褒められた上司本人にとっては悪い気はしないはずと、私は思うのです。というよりは、褒める人はその上司を直接褒めなくても部下を褒めることによって、間接的に上司を褒めているとも考えるのです。

少し別の角度で見れば、「いい部下を育成されましたね」と言えば、部下を褒める以上にその上司を褒めることになる。直接的に上司を褒めるのではないがそれに近いといえる。ところがそうでない上司もいるので困る。困るというよりも、その部下は時によって冷や汗をかいたり、上司から叱責を受けることになる。

私の会社生活でもこんな例がありました。ある時、会社の先輩でグループの子会社の社長A

さんが、私の上司であるBさんに、

「あなたのところの○○君は販売をものすごく伸ばしているようだね」

と電話で言ってきたものですから、そのあとBさんはかんかんになって私の机にところにやって来ました。

「○○!えらい人気があるなあ。○○、自分の自慢話を言いふらしているんだろ。お前ひとりで売上げが伸びたと思っているのか!」

と大きな声で私に言い放ったのです。私がそんなこと言う訳はないし、その半年ほどAさんには会ってもいない。私のあずかり知らない話でした。

私は、このBさんは一体どういう頭の構造になっているのかと疑いました。Bさんは自分が褒められたいのである。と同時に自分の部下は大した存在ではないと、他の人が言ってほしいのです。それは私にも理解できるし、別に反対する必要もないと思っています。しかしどうしたら、私を叱責するうまい理由を見つけ出せるのか。その方法を知りたいくらいでした。

まず、Aさんが私を褒めるということは、私の上司であるBさんを褒めているのです。なぜそれが理解できないのか。次に上司である自分よりも部下のほうが能力があるとは言っていないのです。Aさんは上司と部下を比較して話をしているのではないのです。

こんなこともありました。ある上司Cさんと二人で海外出張の時でした。私にとっては地獄の二週間だろうと思っていました。その予想は初日から的中したのです。初日で関空から海外への便のチェックインの際ですが、当時は南海電車のなんば駅でチェックインができました。私は上司のCさんと待ち合わせの時間より二十分程度早く来てチェックインをした。Cさんがほぼ待ち合わせ時間に来てチェックインをしようとした時、航空会社の女性職員がCさんに、

「あそこのお連れの方が早く来られてお待ちですよ」

と一言やさしく声をかけて手続きをした。

チェックインを済ませたCさんが、

「〇〇、お前なんか変なことを言ったんだろう。なぜ、おれが遅いと言われて怒られるのだ！」

と言ったので、唖然としました。なにも航空会社の職員がCさんを、遅く来たといって責めている訳ではない。部下である私が早く来て、上司を待っている。きっちりとされている、という程度の話である。上司を責めるどころか、どんないい上司が来るのか、楽しみにしていたというのが、確率の高い推定です。どうして自分が航空会社の職員から責められているという発想がわいてくるのでしょうか。まったく分かりません。地獄の出張と述べましたが、こんな上司と二週間もいっしょというのがどんなにつらいものか想像はたやすいはずです。

会社のなかで認められたい。自分はそのために努力している。ところがなかなか会社は自分が思う程度には認めてくれない。あるいは、それなりに認めてもらっているので、もう少し頑

張ればなんとかなると自分で思っている人が上司になると大変です。自分が思うように会社や上司に認められないのは、自分の部下が足を引っ張るからであると思い込んでしまう。バカ言っちゃあ困りますよ。あなたの能力のなさを部下のせいにするのですか。

逆にそんな上司はいつも自分の部下の悪口を言っています。ですから、航空会社の職員の話から、

「あいつ（部下である私のこと）は俺を待っている間に、俺が遅いなどと俺の悪口を言って時間待ちしていた」

などという発想が出てくるのです。いや、別の例である、

「お前は社内で自慢話をしているのだろう」

ということばは、現実に上司が自分自身で自慢話をしているということがあるからこそ、「自慢話」などということばが思い浮かぶのです。そしてその自慢話が社内であまり効果を上げていないという現実がなければ、そのような発想が出てくる確率は非常に小さいのです。

私は自分の部下が褒められた時は素直にうれしかった。

「きみのところのDくん、よく成長しているね」

などと言われると本当にうきうきしてくる。自分が褒められているようで。いや、本当に自分が褒められていると認識すべきであって、自分が部下よりもできないと言っているなどと、ひ

ねくれた解釈はしません。

最後に、自分を褒めてもらいたい時はこんな方法を使ってはどうでしょうか。これは私が勤めていた会社（グループの商事部門の子会社）の新入社員か若手の研修会の時のことです。その時の取締役の話です。営業職についての話の中でこんなくだりがありました。

「新人若手のみなさん、自分の営業活動のことで悩みも出てくるでしょう。あれをやってもこれをやってもうまくいかない。仲間や直接の上司にも相談する。それでもうまくいかない時もあるでしょう。そんな時には私の部下ということになるのですが、事業部にD部長がいます。かれは営業のことに卓越しています。かれに相談してみてください。きっと相談してみてよかったと思えるような答えが返ってくるでしょう」

と言ったのです。

これでいいのだと思います。しかし、うまいことを言うものだと感心しました。これでかれ自身を褒めていますし、部下も褒めています。自分を褒めてほしいと思えば、一度部下を褒めることですね。

## 会社員の評価基準の三分類

会社員の評価の基準となるものにどんなものがあるのかを考えてみたい。私は六十二歳で退職するまで一つの会社グループに勤めていました。その経験をベースにしても会社員の能力や業績を評価する基準を一般化することは難しい面はあるかと思うのですが、敢えて結論づけてみたいのです。

私はいわゆる大手化学メーカーである会社に三十八年勤めていました。いろんなタイプの上司がいましたが、上司が部下を評価する基準なり考え方は、三つのタイプに集約されていきました。

まず、その部下の結果そのものを中心として評価する人です。この結果そのものをどう定義するのかが難しいのですが、簡単にいえば、営業部門の場合はその人が直接的に係わる売上や利益の数値に重点を置く上司です。ただし、結果なり実績といってもあくまでも表面的な数値であることが多い。実績至上主義などといっても本当に客観的に数値評価できるほど会社における個人の業績は単純ではない。あくまでも重点の置き方が実績というか結果主義という意味です。

二つ目のタイプは、論理や説明を重んじるタイプです。予算や計画の作成の仕方に始まって、その業績の結果などについて明確で論理的に説明し、相手を説得できる力のある人を評価するタイプです。

なぜそのような予算を立てたか、予算と実績の差異がなぜ生じたか、それにどう対処したか、そして将来どう対応しようとするのかなどを論理的に説明し、当事者を説得できる能力で評価するタイプである。結局は上司に納得してもらうべく、うまく説明できれば評価が高くなるということになる。極端な場合、営業実績やいろいろな事案の結果が悪くても、なぜそうなったか、どう対処したかが明確であれば、問題ないのです。もちろん、自分自身の評価が下がるような説明をしようとする人はいないのですが、評価を上げるための説明というのは非常に難しいものです。

三つ目は、その部下が何をどうしようとしたのか、すなわちどんな希望や目標を持ち、そのためにどのように努力したかを評価する上司のタイプです。この場合、どれだけ努力したかは問われるのですが、実績・結果が少々悪くても、説明がぎこちなくても、それほど問題としないのです。

私の会社での経験に照らし合わせると、評価者すなわち上司が部下を評価するにあたりどこに重点を置くかは、この三タイプでほぼ分類できましたし、三タイプの人ともに昇進のチャンスがほぼ同じ程度にあったような気がします。その点では私の勤務した会社は寛容な会社だったと思います。現実にいろいろな考えを持った人が経営者・管理者になっていました。

私の場合はどうだったかと思われるかも知れませんね。私はそんなに昇進した訳ではないので、とやかくいう資格があるのかどうかも疑わしいのですが、三つ目の「何をしたかったのか、そのためにどうしたか」を重視するタイプでした。私が上司で評価権限を持っていれば、その基準を尊重したと思います。

会社員になって昇進したくない人はいないと思います。ただその願望の程度もそれぞれですね。出世が命とばかりにがむしゃらに頑張る人もいるでしょう。いくら出世のためであってもそこまでえげつないことはできないとか、そこまではやるつもりはないなどと考える人もいるでしょう。

人の評価は人それぞれです。蓼食う虫も好き好きといいます。ある人について、いい評価をする人もいれば悪い評価をする人もいます。同一人物について評価が分かれるのはなぜでしょうか。評価の基準が評価する人それぞれで異なるというのが理由だと思います。

「あの人は人を見る目がない」

とよく言います。見る能力がないのではなく、見る方法や基準が違うのです。その人に評価する能力があるとかないとかという問題ではありません。

いちいちそんな評価者に合わせていられないと思う人も多いでしょう。そんな時、この評価基準の三分類法を思い出してみてください。自分の上司すなわち評価者はどのタイプに入るのか。これを正確に見抜いてみれば、上司に対してどう接していくのかの判断の参考になると思います。会社員諸氏には一度実践されることをお勧めします。

もし、上司に合わすのはいやだと言われるのであれば、とりあえず自分自身はどのタイプかと自問すればどうでしょうか。自分のことが客観的に分かった後に上司のことを見つめ直してはどうでしょうか。自然と自分の取るべき行動が示されてくるはずです。

## アッチラス・ルール

アッチラス・ルールというものがあります。およそ、

「悪い報告を急いでした者を褒めよ。報告しなかった者を罰せよ」

というものです。

世界史では有名なローマ帝国の分裂、フン族の侵入という出来事のフン族の大王で、五世紀

に登場したアッチラ大王からとった名前です。現代の社会生活に当てはめても有意義なルールであり哲学です。

私は会社勤めをして、このアッチラス・ルールの適用にほとんど遭遇したことはありません。自分自身の経験でいえば、自分の仕事で自分がこのルールに基づいて悪い報告を的確に実践していたかというと全く自信がありません。ただ、私自身としては、勤務していた会社の平均的水準よりははるかに高いレベルでこれを実践しようとしていました。私の勤務していたのは一般的にいえば日本の典型的な大会社であり、大メーカーとなります。戦前設立から歴史があり、現在に至って決して業績も悪くない。全体的にみて決して悪い会社ではないと今でも思っています。しかし、このルールの活用がもっと実践されていれば、特に精神的な面での会社での仕事環境はもっとすばらしいものになっていたと思います。

会社組織というものは経営・管理面からみれば、ライン・ポストが明確であります。会長・社長でもない限り、自分のライン組織における上司はいます。その上司への報告をどうするのか、サラリーマンの仕事の中心的なものといっていいでしょう。よく報告・連絡・相談という仕事は「ほう・れん・そう」などといわれますが、上司への報告という仕事は、社員の業務の最たるものです。

一つの典型的な例として、私がある時期に経験したことをベースにして話をしましょう。私が営業の責任者（課長ということでもいい）であったころの、上司（部長ということでもいい）への報告に係わる話です。

　私の課の営業努力の甲斐もなく、得意先の大口契約ができなかった場合、すなわち月末・期末が近づいてきていて、営業部の損益への影響が大きいという場合のことです。私が上司に「今月の利益が予算比一千五百万円ショートしそうです」と報告したと仮定しましょう。その上司は、「状況は分かった。時間もないが対策を考えよう。すぐに主要なものを集めて対策会議をしよう」

などとは言ってくれません。

「バカ！今ごろ何を言ってくるんだ。俺にどうしろというのだ。どうするつもりだ。対処案をすぐにもって来い！」

とほぼ百パーセントの確率で言われます。

　何を言ってんだ。すぐに対処案ができるのなら、頭を下げてこんな報告などするはずがない！あんたは上司だろ、給料もたくさんもらっている。叱責することだけが仕事ですか？ちょっとは部下の相談にも乗ってくださいよ。といった調子のことを言いたくなるのです。正直いって部下というのはこれぐらいの発想しかできないものです。

　したがって、その営業責任者（私ということですが）はどうしますか。利益が一千五百万円ショートすることを少しでもミニマイズするための対策を練ります。いい考えなどある訳がありません。もちろん会計ルールや法令に触れることはできませんが、ぎりぎりまで対策を考えます。これには自分の部下を使います。(そもそも部下の怠慢が利益ショートの主因です。)たとえば、なんとか一千五百万円を一千百万円のショートにミニマイズして、二日後に上司に報告することとなります。

とはいえ、対策後の再度の報告に対しても、上司から言われることは決まっていて、

「バカ!俺にどうしろというのだ。俺はこんな報告など受け取れん。対策案にも何にもなっていない!もっと考えろ!」

となります。こんなことの繰り返しで、時間切れを待つというのが一般的なところでしょう。売上高が一兆数千億円という一部上場の大メーカーといえどもこんなものでした。

その他の例としても、大企業の社員の不祥事が発覚して社会的な話題になることがよくあります。その時にいつも例外なしに思うのは、なぜもっと早く公表したり、必要な措置(刑事告訴、社内処分などが代表例)を行わないのでしょうか。刑事告訴はさておいたとしても、社内での調査や処分にしてもスピードが遅いのです。企業でいえば、しかるべき経営者に不祥事が報告されるまでに時間がかかってしまうのです。要するに上司や経営者・管理者にとって不都合な「悪い報告」は遅らせようとするのです。

アッチラス・ルールが実践されれば、より迅速にいろいろな組織・人の能力によって対策が立てられると考えるのですが、残念ながらそうはならないことが多いようです。

日本の組織風土にこのアッチラス・ルールが浸透しないのはなぜでしょうか。私が思うには、組織の上位者が責任をとらないようにするための伝統的な管理手法が組織に浸透しているからです。上司は単に悪い報告を聞きたくないのではなく、自分が責任をとらなければならないようなことは報告を受けたくないのです。会社や組織にとって悪い報告でも、自分に責任が及ばないものは報告を受けたくないどころか、逆に報告してほしいのです。上司本人は大いにうれしいのです。

「俺にどうせよというのだ。対策案をすぐに出せ！」

と言っているのは、自分はこんなことに責任は持たないし、実質的には部下の責任だと言っていることであり、自分の責任放棄に他なりません。

よくいえば「よきに計らえ」ですが、このことばの本質は何でしょうか。それはこのことばを発した本人すなわち上司など上の立場の人にとって、「よきに計らえ」ということです。決して組織や部下のために「よきに計らえ」と言っているのではありません。

「悪い報告」は上司である自分に報告される前に部下が対応してくれるはず、という暗黙の了解のようなものがあるのです。上司である自分には、元々悪い報告であるはずの報告が、部下によってうまく解決しましたという内容になった後に、やっと上司に報告されるのです。それには当然ながらうまく解決するまでに長い時間を要するのです。もちろん長い時間をかけてもいい対策が出てこないこともある訳で、その場合は逆に大変なことになる訳です。そんなこともあり、（そのようなことだけが理由ではありませんが。）自分がそのポストを離れる場合は、自分のために一番頑張ってくれた人をそのポストの後任に推薦することが多いのです。

日本の組織のなかでこのようなことが繰り返せている間はいいのですが、さてそれはいつまで続くのでしょうか。このアッチラス・ルールのことが古来ことわざとしていわれているのは、欧米先進国でも同じでしょうし、なかなかアッチラス大王のように考えない人も大勢いる訳です。比較は難しいものの、会社組織を典型として、私の会社人の実感として日本ではアッチラス・ルールの普及は遅れていると思うのです。

## 会社員の夜の話題

長年会社員（サラリーマン）をやっていました。仕事を終わって会社の人と一杯やるというのは楽しいものです。私の場合、他社というか得意先との会食は完全に仕事と割り切りました。また、会社の上司や斜め上司が入る会食も仕事だと思っていましたし、「飲み会」とは考えませんでした。そのほか会社の仲間と飲む時が楽しい。もちろんこの「仲間」のなかに自分がいやだと思う人が入ると、楽しみが半減するどころか楽しみはゼロとなります。会社の仲間で気の置けない人たちとの会食は楽しめます。ということで、会社の非オフィシャルの会食すなわち「飲み会」が楽しいのです。それでも、一見矛盾するようですが、会社の人といっしょに飲む場合は気をつけなければならないと思います。自分のポケットマネーで飲む時であっても同じです。これから気をつけないといけないという私流のルールについて説明しましょう。

会社の人と飲む場合は全部仕事と考えるべしというのが、第一のルールです。会社における親友であってもそれは変わりません。もしどちらかが会社を退職した場合にでさえも同じような親友関係でいられるような関係であれば別ですが、通常はそうではないことが多い。このような場合は、会社を介した親友関係だとして、会社の仕事と考えるべきです。

第二のルールは、会社の人の悪口は言わないことです。悪口を言わないような飲み会なら意味がないと思われるでしょうが、私はできる限り悪口は言わないようにしました。飲み会で格好をつけていたということではありません。本当にいやだったからです。それでも飲み会ですから、周りの雰囲気からして私も悪口を言わなければならない時があります。その時には仕方なく話を合わせますが、悪口は最小限度にしようと心がけました。

第三のルールは、自分の家族のことはできるだけ話題にしない、しゃべらないことです。大体、人の家族の話を聞いて面白いでしょうか。

「うちの子どもは今度XX高校に入った」

と話をされてもどう返事すればいいのでしょうか。XX高校が有名進学校の場合はどうでしょうか。スポーツで有名なYY高校だったらどうでしょうか。どんな返事を期待しているのですか。あるいは
「この前に女房とどこそこに旅行した」

などと話を聞かされても、どう返事したらいいのでしょうか。それくらいならまだましかも知れませんが、

「女房が家ではうるさくて困るよ。ZZ君の女房はどうだ。女房とはうまくやっているか」

などと言われればうんざりします。

第四のルールは、みんなの共通話題ないしは当たり障りのない話題を提供することです。たとえば、スポーツや映画や文化・芸能といったところです。これらの話題でその日の疲れをいやすことです。楽しい飲み会となる可能性があります。ただし、これには多少の努力を要します。話題についていくためには日頃の勉強が欠かせません。

　ここで念押しをします。得意先との会食や自社内であっても、仕事と割り切った上でなおかつ楽しさを求めることができるかどうかについてです。上司ほかそれなりにオフィシャルな会食の場合であれば、自分自身のための楽しさを求めるのは無理があると思います。大体それらの会食は集まること自体に意義があるのだと解釈することが必要で、それができれば、あとは会食は仕事として割り切ることです。また、会食については準備が必要であり、テクニックも必要でしょうが、これは仕事として学ばなくてはならないのです。

　やぼなことというのは、みんなで楽しい飲み会をしようとしているのに、自分の家族のことをしゃべりまくって、自慢したり愚痴をこぼしたりすることです。更に上司然として酒の場やパーティで仕事に関することで部下のことを叱責することですね。叱責したければ会社の事務所で机をはさんで面と向かって話せばいいのです。仕事で疲れて、その上夜の食事で仕事のことを聞かされて、挙げ句は叱責となれば、叱責された本人はお酒でからだの調子が悪くなるというものです。

　私は、会社の人と飲む限りは「酒の上での話」とか、「オフレコの話」はないと思っていました。いつも「オンレコード」の精神でした。どうしても楽しみたければ、自分の金で、会社の人以外で、気の置けない人と飲むことです。話題は仕事と家族を除けばほぼ間違いありません。

海外のことになってしまいますが、分かりやすいと思われますので一つ例を出しましょう。商売相手との会食となれば、ヨーロッパならサッカー、アメリカなら映画がいいでしょう。なお、アメリカでは政治と野球の話はやめるべきだという人もいますが、私の経験では問題なしでした。

とはいえ、このような私の考える話題の基準というのは一般的に受け入れられるかは少しクエスチョンかも知れません。私自身としてはこの種の話題のルールを適用すればいいと考えていますが、まだ日本のサラリーマン社会がそういう環境であるのかどうかは正直自信がないのです。自分の周りに私のような人が少なければ、残念ながらその環境に合わせるしかありません。自分が実行できる最低限のガイドラインに沿って夜を過ごすということになります。

## 人を見る目と数値を見る目

会社員を四十年近くやっていたのですが、社内の人たちをいろんなタイプに分けてみるという楽しみを持っていました。その楽しみの一つが、ある人の人間を見る目と数値を見る目の相対的なバランスを判断するというものです。この判断を、自分がその人との接触の仕方やその人に対してどう仕事をしていくべきかの目安として活用していました。

メーカーに勤めていましたが、工場や技術・研究関係ではありませんでしたので、もっぱら営業や管理関係の人たちに対する目ということで話します。

連結ベースでいえば二〇一六年三月期末で三万人程度の大会社でしたが、会社の中では取締役など役員になる人でも、人を見る能力と数値を見る能力との差が大きい人を見かけます。二〇〇〇年ごろの話ですが、有力な取締役候補で末は代表取締役かといわれていた人で関係会社の社長で終わってしまった人がいました。私が数年間この人の近くで働いた経験からすれば、数値を見る目はそれまで会社生活で接触した人の中で最高だと感心していました。財務諸表ほか会計的な数値だけではなく、経営計画や投資計画などでも、数値に対する鋭さは社内でも評判でした。

その一方で、人を見る目となると、数値を見る能力と比較して見劣りしていたとさえ思うことがありました。ある社員の例ですが、その社員の表面的なデモンストレーションであり、陰ではどんなことをしているか知れたものではないと思われるような人でも、高く評価することがありました。

ここで断っておく必要がありますが、私自身が人を見る能力を持っているかどうか、と問われても困ってしまいます。人を見る能力を語る資格などあるのかという問題ですね。その問題は横に置かせてもらいます。あくまでも私の主観的な判断です。なお、注釈を入れれば、ここで私自身が他人の能力を判定するというのは、人を見る目と数値を見る目との相対的な判断に重点を置いているということです。

今話しているテーマは結論として何かといえば、リーダーは人を見る目と数値を見る目の二つの能力がある一定レベルはあってほしいということに置き換えることができます。そして現実ですが、私の知る限りではまさに天は二物を与えずといえます。

大会社であってもこのような人を探すのは難しいと思います。どうすればいいのか。集団指導体制が必要ですね。もちろんCEO(最高経営責任者)は一人とするのですが、それを補佐する人が必要ですね。これは一人でも二人でもいいでしょう。企業でいえばいろんな部門の中でもそれぞれのリーダーがいて、それを補佐する人が必要です。

考えてみれば軍隊組織がそうでしょう。司令官がいて参謀がいる。大まかにいえば司令官が統率するにしても、参謀が作戦の立案ほか司令官の頭になり手足になる訳です。司令官が万能ということではない訳です。軍隊という代表的な組織の中で、万人が認めるところなのでしょう。

人を見る能力と数値を見る能力とは相反するものがあるのではないか。企業のリーダーに求められるのは、人を見て人心を掌握する能力と、数値的なものを見て作戦・計画を立案して遂行する能力の二つではないかと分類するのですが、この二つの能力を高いレベルで持ち合わせるのは難しい。

私は会社で人を見る場合、この二つの能力の高さとその結合度合いやバランスを見ることが多かった。これにより会社における昇進を予想することもあった。自分自身の感覚でいえば、なんとなく当たっている確率が高かったような気がしています。

## 会社の内部通報制度

東芝の不正会計問題がまだ話題となった時期がありました。二〇一六年三月期の決算が明確になって、今後の会計処理の方向が定まるまではその都度問題が世上を騒がせるのでしょう。不正会計ばかりでなく、いろいろな問題がその他の有名大企業でも繰り返されています。改めて驚く必要もありませんが、根本的に問題が解決される方法も見つけるのは難しい。

ともあれ、そんなこともあって最近は会社の内部通報制度なるものを設けている企業も多いようですが、残念ながら機能していないことは明白です。大会社で社内の監査役会があり、内部監査を所轄する部門があるような立派な会社でも、内部通報したところで実質的にもみ消しになっているものと考えます。いやもみ消しされるぐらいであればまだいいほうで、実際はその内部通報者が左遷されたり、社内で不利益をこうむることが多いと思うのです。

こんな話はどうでしょうか。モデル化して検討したいと思うのです。

X社は大会社の子会社です。X社のA社員は中国出身で、中国の地元にファミリー企業として別途Y会社を設立し、そのY会社の代表者となっていました。この事実をX社は少なくともオフィシャルには知りませんでした。X社は設立された中国のY社との取引を開始しました。

それから五年ほど経過したある時期に、X社のB社員が中国のY社を調査したところ、A社員とX社(A社員はX社の会長にあたる董事長と同一人物)との「利益相反的な取引」が知れることになりました。これはA社員が自身が代表者(会長)をしている会社に利益を供与しているとみられても仕方ないような取引関係を持っていたということです。簡単な例をあげれば、A社員は通常よりも低い価格で商品をY社(A社員が会長でもある)に販売することにより、X社の利益が減り、Y社の利益を増やすことができる訳で、その可能性があるということです。

X社のB社員はX社の社長にA社員と中国のY社の会長が同一人物であることおよびそのことが重大な問題であることを報告した。ところがB社員は社長から逆に一喝されて叱責されました。要するに「余計なことを言うな」です。

そのような時に、中国を含め商売事情に詳しいX社のC社員(管理職)はB社員が叱責されたことを含めて、社内でA社員を擁護する社長ほか幹部に憤慨して、X社の親会社監査役室の担当者Dにeメールで事情を通報しました。これは正式なルートという訳ではなく、C社員がそれまでの会社生活で担当者Dを知っているということで通報した、というストーリーです。

ところがこともあろうに、監査役室のD担当者はすぐにX社の社長にそのeメールの内容を伝えたのです。これではC社員はたまったものではない。C社員のX社の社内での立場がありません。X社の社長ほか幹部連はC社員に対して、会社をやめろといわんばかりの叱責、事実上の「処分」を行いました。

またX社の中ではE社員(管理職)は本事案がX社で発覚してから、X社内部で社長以下幹部に対して批判的な言動が目立っていましたが、結局はグループ企業の他の出向先に強烈な左遷処分を受けました。

こんなストーリーなら実際にはいくらでも例があって、何を今更といわれそうです。まじめに社内の正義などを考える人はこのような状況に陥るのです。表面上は昨今では内部通報制度は当たり前のようですが、実際に機能しているとは思えません。大会社でも社外取締役、社外監査役の制度実態をみれば明らかです。

なぜこんな建前ばかりが幅をきかせるのでしょうか。だれが自分の昇進・昇給の機会を失うリスクを負ってまで社内通報を実行するのでしょうか。たとえ社外役員であっても、会社の現経営者が指名・推薦します。そんな社外役員がどうして自分の報酬を犠牲にしてまで会社や役員を厳しく追及するのでしょうか。

改めて思うのですが、サラリーマンというか会社員である限り、「余計なこと」をする場合には充分過ぎるくらい自分に問い返してから行うことです。会社に対する忠誠心や愛社精神あるいは正義感を否定するのではありませんが、会社の役員はじめ権限を持っている人たちのことを通報・告発することは、通報・告発する人自身の昇進・昇給にとってはよろしくないことが圧倒的に多いと思うのです。制度として法令上もその内部通報が認められているとしても、それは権利であって義務ではありません。それが正義感や会社のためから出てきたものだとしても、よくよく考え直してみるべきというのが私の経験則です。自分自身の会社人生は大切にするべきですから。

# 第四章　生活のための実践指針

## 車のクラクションを鳴らす時

私は四十歳になってから自動車の運転免許を取得した。その年になって運転免許を取ろうと思い立ったのは、当時何度も欧州に出張し、特にドイツ社会における車の位置づけをみて、刺激を受けたことが大きな理由にあげられる。アウトバーンを時速二百ｋｍを超えるスピードで走るなどは最高に気持ちがいい。またその一方で市内でも交通規則を守り、整然と落ち着いて車が走っていることに感心したものです。

そんなドイツの車社会の中で特に印象に残ったのは車のクラクションの少なさでした。一九八八年から一九九七年にかけて延べ百五十日以上はフランクフルトを中心にしてドイツにいたのですが、クラクションの数について日本と比較した時に大いに驚いたものです。その後に自分で日本で車を運転するようになってすぐに感じたのは、なぜ必要もないのにクラクションを鳴らす車が多いのか、という点です。

交差点で信号が赤から青に変わって安全を確かめてから動き出そうとすると、後ろに並んでいる車からクラクションが鳴る。「待ってちょうだい！」と言いたくなる。あるいは、私の運転操作に不満だったのか、追い越しの邪魔をした訳でもないのに、その車が私の車を追い越す間際にクラクションを大きく鳴らして走っていく。

歩行者としてもいろいろな場面を目撃する。信号を渡り切るのに時間がかかったとして、その歩行者めがけてなのかクラクションを鳴らす。歩行者が驚く。横断歩道上で目をきょろきょろさせられてしまう。そんなことをするから、歩行者が横断歩道を渡り切るのに更に時間がかかる。（目撃した私もこの「騒音」に驚いて周りを見渡さざるを得ない。）クラクションを鳴らして何の意味があるのだろうか。自分が警察官になり代わって歩行者を指導しようというのか。あるいは、道路を横切る人がいて、その人が自分の運転の妨げになったり、思わぬ事故になってしまうような場面をその運転手が心配したのでしょうか。そんな時に横切った人に言いたいので、大きなクラクションを鳴らしてしまう？そんなに危ない状態だったのでしょうか。本当に危なければ、自分がクラクションを鳴らす余裕などないはずで、せいぜい急ブレーキを踏むのが精一杯です。何のためのクラクションですか。

私は日本においてトータル四年間で六万ｋｍ車の運転をしましたが、結局クラクションを鳴らしたのは三回しか記憶にありません。もう一度あって四回だったかも知れませんが。これくらいの数ですから、逆に覚えているのでしょう。まあ、年に一度、二万ｋｍ走行して一度クラクションを鳴らすかどうかです。

私がクラクションを鳴らす時は、その鳴らすことによって相手が何らか前向きの行動を起こしてもらう時です。ある時、バスターミナルでバスが私の車にバックで近づいてきました。このままいけばぶつかると思ったので大きなクラクションを鳴らし続けました。またある時は狭い道路で対向車が出てきた時はぶつかるであろうと思われる急カーブの道で、「クラクションを鳴らせ！」という標識のところでした。もう一つは、横断歩道に人が入ってきたが、私の車がスピードを出し過ぎていて、「やばい」と思った時でした。そのクラクションを聞いた歩行者がすぐに渡りきってくれたのを記憶しています。

私は日頃の生活の中でも、

「何をしたんだ。ばか野郎！」とか、

「なぜ売上げ達成できなかったのだ。謝れ！」

という類いのことは言わないことにしていました。そしてそれを実践したつもりです。できなかったことやミスしたことを究明するのはいいとして、謝れ！と言って何の利益があるのだろうか。いや謝らせたとして、何か意味があるのでしょうか。人の悪いところをみつけてはそれを徹底的に責め、糾弾する。これは単なる自己満足というものです。

物事や手段にはそれぞれ本来持っている本質的な意味があるはずです。車のクラクションも同じです。自分の腹いせで意義のない使い方をして、周りに迷惑をかけることはやめた方がいい。だれもクラクションの騒音を聞きたいと思っている訳ではないのです。クラクションを鳴らしても周りに大きな迷惑をかけても、なおその迷惑をカバーして余りがある効果、すなわち事故をなくす、危険な目に会わないといったことが期待できることのためにクラクションを鳴らすべきであると、車を運転しなくなった今でもそう思っています。

## すべては玄米食から

私は小さいころからいわゆるアレルギー体質でした。最初に自覚したのが小学校一年生のころかも知れない。冬の朝寒い時間に父親に子供三人が連れられて大阪府との境に近い京都府の柳谷観音に行った。柳谷さんは「目の神さん」といわれているところで、目の病気に御利益があるこの観音さんで拝み、よく効くといわれる水を父親が一升瓶に詰めて持ち帰った。私の場合は今でいうアレルギー性結膜炎であったと思われる。父親に似たのであろう。兄と弟はそれほど結膜炎が強いということではなかった。

私の結膜炎がきつくなったのは中学三年生のころであった。高校受験の時期であったが、毎週一回か二回は眼科医に通った。高校に入学してアレルギー性鼻炎に悩まされ始めた。中学卒業前には鼻炎の兆候があったようだが、きつくなったのは高校一年からである。私の場合、鼻炎の症状は鼻づまりであったが、花粉症の鼻づまりに近い症状といったほうが分かりやすいと思う。ただし、この花粉症そのものを自覚したのは社会人になってからであった。

更に今度は大学受験を前にして別のアレルギー症状が顕著になってきた。皮膚炎である。頭(特に耳の周り)、首筋、肩などの皮膚が乾燥してかさかさになり、かゆみが止まらなくなる。寝ている間に自分の爪で皮膚のいろいろな部分をかいてしまう。

当然ながら、自分で対処療法はした。眼科医、耳鼻咽喉科医に通ったり、皮膚の塗り薬を使用した。食事療法的なものもやった。学生時代は徹底的に甘いものを食べないようにした。アルカリ性食品(ヒジキなどが代表例)を積極的に食べた。偏食を避けて、極力いろんな種類のものを食べるようにした。

社会人になってもこの体質は基本的に変わらなかった。多少症状は軽くなったものの、鼻炎に悩まされることに変わりはなかった。加えて、春には花粉症に悩まされることになった。一九八九年の春にきつい花粉症を自覚してから、数年ごとに厳しい花粉症に悩まされた。二〇〇〇年夏に帯状疱疹を経験してからは、結膜炎の症状がひどくなり、再び医者通いすることになった。特に花粉症の時期には目の充血がひどくなり、通常の結膜炎の目薬ではなく、抗生物質の目薬を与えられた。二〇〇四年の春には眼科医から「目の手術が必要かも知れない」と驚かされた。いったい目のどこをどう手術するのだろうかと思ったものである。

皮膚も相変わらずで、特に冬場は皮膚がかさかさになり、爪でかいた部位に血がにじみ出たりする。寒くてもマフラーをしないが、首に直接化学繊維を当てると肌がかぶれるためである。夏の海でも日焼け止めは塗らない。その日焼け止めに皮膚がかぶれるからである。目も鼻も皮膚もアレルギーにやられていた。多少程度の差はあったが、五十歳になるまでは同じであった。

そんな私に転換期が訪れた。二〇〇五年になって玄米を食べ始めたのである。私の妻が玄米食を始めたので、私もそれに合わせた。私とは違う理由からではあるが、妻も体質改善の必要に迫られていたので、玄米食に切り替えた。妻は新潟大学の安保徹教授のある体質改善に関する本を読んで、玄米食を試そうということになった。

最初は白米に玄米を混ぜる感じであったが、徐々に玄米比率を上げて、三か月ほどで百パーセント玄米とした。その後は今に至るまで、わが家での米といえば玄米である。私がサラリーマンしていたころはさすがに昼食は外食であり、白米であった。三食に一食は白米といえた。

鼻炎や結膜炎の症状が劇的に軽くなるとは夢にも思わなかった。皮膚のかぶれの症状についてもかなり良くなった。医学的にどう説明がなされるかは知らないが、二〇〇六年の春には花粉症はごく軽微となり、眼科医からはもう来なくてもいいと言われた。「今までと変わったことといえば、昨年から家では玄米食にしたことぐらいです」とその眼科医に言ってはみたが、ぽかんとされただけであった。皮膚のかぶれについても症状が軽くなっていった。

私にはよく分かりません。本当に不思議なのです。医者にいわせれば「そんなばかなことがありますか」ということになりそうでした。私にとっては何十年来の悩みが解決した訳で、なぜ症状が劇的に軽くなったかの医学的な理由や説明その他のことはある意味どうでもよいことでした。

そういえば、以前は私の平熱は三五・七度程度でしたが、それ以降は三六・三度になっていました。前述の安保教授の推奨するところの、体温を高めて免疫力をアップするというガイドラインに沿うことになりました。風邪もほとんど引かなくなりました。まさに免疫力アップのおかげではないかと思っています。

人生なにが起こるか分かりませんね。もちろんいいことばかりでなく悪いこともあります。私もからだのことでいえば、五十歳過ぎてから百パーセントいいことばかりという訳でもないのです。ただ、三十年も四十年も大いに悩まされてきたからだの問題から解放されるなど望外の幸せとしかいいようがありません。

私の場合は玄米食から始まりました。ラッキーでした。からだの悩みのない人には無関係のことでしょうが、からだの悩みが全くない人もあまりいないでしょう。現代の発達した医学という環境の中で、何か自分のからだの悩みに役立つことがあるかも知れません。何十年も悩んできたということは、医学界がその何十年の間にいろんな発達をしてきたということでもあります。

私は医学の進歩をかなり強く信奉するものです。からだの悩みが解決される確率も非常に大きくなっていると思います。時により、あきらめかかっていたことを自分でもう一度見直すことも無駄ではないと思っています。ラッキーもあれば、医学の進歩もあるのですから。

## 人生の悩みを三分類すると

学生時代からの親友のひとりに岡山県の開業医で医学博士のHさんがいる。内科と小児科が専門であるが、ときどき心理学の先生に思えてくることがある。私の父親や兄弟の病気のことで相談したこともあるし、当然私の健康のことでも相談に乗ってもらっている。平凡なサラリーマンにとって、いざ大阪から岡山に出かけるとなると案外に機会をつくりにくいものである。開業医であるHさんも休みを簡単にとれるものでもない。数年に一度岡山で会ったり、大阪で会ったり、はたまたその間の神戸で会ったこともある。

私がHさんを実に心理学のカウンセラーと思うのは、たとえば、亡くなった兄がガンで大阪の病院で通院・療養している時も、兄がHさんからの電話でのカウンセリングに心服していることでも分かった。兄は、

「自分の病状をよく聞いてくれるし、ショックを与えて落ち込ませるようなこともない。元気づけるアドバイスをしてくれる」

と話していた。Hさんが言うことならなんでも聞きそうで、あたかも宗教の教祖のように崇める。

「このごろは調子もいいし、車でお礼に行こうと思う」

と言い出した。

「先生の都合もあるし、ちょっと待って!」

と押しとどめたこともある。

そのHさんが、

「人間の悩みもいろいろとあるけれど、三つにまとめられる」

というのである。一つは経済的なこと、つまりお金。もう一つはからだすなわち健康のこと。それにもうひとつは人間関係のこと。この三つであり、かつ人間の悩みはこのどれかに分類されるというのである。今まで多くの患者さんを看てきたけれども、この三つの悩みのうち一つ

の悩みもない人はいなかった。必ずどれかの悩みを持っているという。

経済的な悩みを持っていない人は少ないであろう。大なり小なりお金の心配をしている人がほとんどである。ただし、経済的な悩みもその大きさが問題である。深刻な悩みなのかどうかがポイントとなる。優・良・可・不可でいえば、私は不可でなければＯＫと考えたい。

二つ目の悩みのからだ、すなわち健康はどうであろうか。人はその年齢なりに病気・疾患を持っているのが普通である。これはもちろんメンタルな病気も含めての話である。私の周りでは、六十歳を超えていれば事故でなくとも病気で亡くなった人もいる。健康を害している人もいる。若い人でも健康のことについては気をつけている。明日のことは分からない。心配すればきりがないが、少なくとも自分とその家族で健康のことで悩みのない人は少ないであろう。

三つ目の悩みである人間関係はどうであろうか。自分の家族、友人、職場の人間関係やその環境で悩みのない人もおそらくは少ないであろう。いや、悩みがゼロの人は皆無に近いのではないか。夫婦仲が悪くて離婚しようかと悩んでいる人、兄弟で相続のことで裁判している人、恋人が見つからない人、職場で上司からしごかれてメンタルクリニックに通っている人などなど、いろいろなタイプ、質の人間関係の悩みがあるはずです。悩みのない人はいません。ただし、その程度も千差万別ですが。

そして、これら三つの悩み以外の悩みがあれば教えていただきたいくらいです。自分の悩みでこれ以外の悩みがあるでしょうか。こじつけでなく、この三つのどれかに分類されると思うのです。お釈迦様のように悟りの境地に達した人に悩みはないかも知れませんが、この世の中にいったいどれくらいの人がおられるのか。

私は、Hさんから悩みの三分類の話を聞いてから、まず自分のことに当てはめてみました。やはり三つとも悩みはありました。ただ、それぞれ質や程度は異なっています。それならそれぞれの悩みの程度を下げればいいのではないかと考えました。幸運にもそれぞれがそんなに深刻ではない。「不可」をなくせばいいし、不可はひょっとしてないのではないかと頭をかすめたとたんに、胸のつかえがおりました。三つとも優はないが、不可もない。良か可ではないだろうか。これを続けたい。

悩みがあればこの三つに分類集約してみて、不可でなければOK。いや、いかに不可にならないかに努力すべきですね。そのために途中で仕事を放り出すのではなく、せめて定年まで仕事もしなければならない。定期健康診断を受けて自分のからだの状況をチェックする。夫婦円満のためには、自分を抑えて妻のご機嫌もとりましょう。子どもの教育にも力を入れましょう。これこそ健康長寿への道でしょう。

Hさんのいう悩みの三分類は医学・医療の面からの非常に興味深い観点だろうと思うのです。

Hさんが心理学の先生ではないかと改めて痛感させられるのですが、この三分類法は人の悩みをひとり一人の悩みに具体化させて、健康増進のための処方箋を考えさせる心理療法としての意義があるとさえ思ってしまいます。

自分の悩みを三分類したからといって悩みが消えるわけではありませんが、心は落ち着きます。一つでも「不可」があると不幸につながりそうですから、三つとも「不可」にならないように、あるいは「不可」をなくすように頑張ればいいのだと思います。「優」はあってもなくてもいいのだと言い聞かせています。

## 自分に対する自信と外見

最近、ある小説を読み直してみてこんなくだりに出合いました。

「自分に自信があるので、身なり服装には頓着しないのだろうか」

という大村益次郎（若き日は村田蔵六）に関わる描写です。大村くらいの秀才になると自分に自信もあり、わが道を行っても困ることはないでしょう。現に幕末から維新にかけて、日本の歴史に残る仕事をしている。長州藩の田舎医者から幕府討伐の司令官になり、その活躍や日本陸軍の祖ということで、靖国神社に銅像があるくらいです。

こんな例を出すまでもなく、学者おんちとか、現代でいうオタクも一つの典型であって、その外見風貌たるやお構いなしの人も多い。秀才がハンサムで見た目もいいということになれば、世の中あまりに不公平ということになってしまいます。女性も同様でしょう。古来才色兼備などという人は本当に少ないものです。

そんなことを思っている時に、最近テレビで見ていた「刑事コロンボ」を思い出しました。ご存知の方も多いでしょうが、このコロンボというのは米国ロサンゼルス市の殺人課の刑事という役柄です。テレビ映画のストーリーとしては、毎回コロンボが完全犯罪に近いと思われるような難事件を、その腕で殺人者を追い詰めてついに逮捕するというものです。コロンボの事件解決に至る技量は常人ではないのですが、そこはテレビ映画ですから、そういう主人公でありヒーローでもあり、当たり前のことともいえます。

そんな中でも、改めて興味をそそられたのがコロンボの服装です。特にその代名詞にもなっているよれよれのコートです。温暖なロサンゼルスにあって年がら年中よれよれのコートを着ているのです。また彼が乗る車は十年以上は乗っているおんぼろ車です。コロンボは身長も低く、その風体も決して格好のいいものではありません。

その刑事コロンボが、ロサンゼルスに住む政治家、会社経営者や芸術家やスポーツ選手ほかセレブな人たちを追い詰めて逮捕にまでもっていくのは痛快です。コロンボは自分の捜査技量には絶対の自信を持っています。犯人がどんなに巧妙に逃れようとしてもコロンボの捜査能力が上手であって、結果的には見事に一件落着させます。

犯人であるセレブたちは、外見的には金もある、社会的な名誉も持ち合わせている。豪邸に住み、服は高級品ばかり、男でも女でも見てくれもいい。そんな人たちの正体を暴く訳ですね。セレブたちはうだつの上がらない刑事を見て、バカにし、つい油断する場面も多く見られます。本当にバカなのは犯人自身であることを悟った時にはもう遅く、御用となってしまいます。

外見や風体に費やす時間をあきらめるから、コロンボのように自分自身の為すべきことを磨き上げることができるのか。少なくとも、外見に費やす時間を捜査のための時間に埋めなければ、コロンボのような捜査能力には達しないことを、テレビでは意味しているとも解釈できる。

大村益次郎もコロンボも寸分の時間も惜しんで自分の使命を果たそうとするのであろう。その場合は外見や風体は後回しにせざるを得ない。逆の視点でいえば、自分の使命を果たせるから、外見や風体はどちらでもいい、ということもいえるかも知れない。自分自身に自信を持っている人や自分の今までの人生に自信を持っている人は、その自信を保てるのに必要な時間をまず使い、その上でもし時間があればその他のことに時間を費やすということではないか。通常は外見や風体に費やす時間は回ってはこない。優先順位の問題です。

「自分に自信があるから身なりに頓着しないのか」

という命題の答えは次の二通りの可能性があると思います。一つは、自分に自信があるというレベルに到達するためには、身なりに頓着する余裕はない。もう一つは、自分に自信があるレベルに到達していれば、身なりに頓着してもしなくても、どちらでも自分に選択肢がある。つまり、頓着しない人がいてもおかしくないということです。

さて、大村益次郎のような余程の秀才か、刑事コロンボのようにテレビ映画の神がかりのようなヒーローは、意識的に頓着しなかったのでしょうか。それとも無意識のうちに頓着しなかったのでしょうか。

## 健康診断を受ける勇気

会社を完全に退職し、振り返ってみて、自分なりに規則正しい生活を心がけてきましたので、からだについては特に退職前の状態と変わらないと思っていました。実際に退職して六か月が経過した時点で「ドック健診」を受けました。前年の在職時も同じ四月に会社で健診を受けていましたので、その一年後ということに合わせた訳です。同じく八月には胃カメラ健診を受けました。歯は三か月ごとに健診です。退職して年金生活となった身としては、これら健診の自己負担分はそれなりに重みがあるといえます。ドック健診は五万円、胃カメラは一万円、歯は年間で四万円の自己負担となります。

この健診の類いですが、経済的な負担問題はやむを得ないとして、健診を受けることに関係して発生する精神的な負担は相当大きいものがあります。私の場合は、歯は健診結果の予測がつきます。自覚症状があるかないかで歯の病気については自分でもかなりのところまで判断がつきますし、特に問題はありません。ドック健診と胃カメラ健診の場合は、結果報告を確認するまでは気の重い毎日です。特にドックですが、検査項目が多いですから、どこかの項目の結果が自分では思いがけなく悪いものである可能性が大きいのです。

退職直前の会社健診では一つの項目で要検査を言われ、総合病院で検査を重ねたあと、ガンの可能性を言われて一泊二日の入院検査を受けました。四月の会社健診からその後の総合病院での各種検査と入院検査を経て七月に結果が出るまでは頭の重い日々でした。特に入院検査後からその結果が出るまでの一週間余は、会社での仕事も手につかない毎日でした。ガンの疑いが晴れた時は飛び上がりたいほどで、その日病院から会社までスキップして歩いたような気分でした。

胃カメラは八月ですが、数年前の初回には検査が始まってすぐに、

「ピロリ菌がありますね」

ときっぱりと医師から宣告されました。菌が相当多かったのでしょう。胃ガンとの関係が深い菌ということは知っていましたので、検査の途中から気分がめいってしまいました。

「その他ポリープがたくさん見えます」

との医師の話がありました。

検査から十日ほどしてピロリ菌の除菌薬を飲み始めました。服薬中に激しい下痢症状が二回ありましたが八日間で薬は終了でした。それから、除菌できたかどうかの結果が判定されたのが十一月末でした。早く結果を知りたいと思いながらも、二か月半を要した訳です。この当時はまだ会社勤務でしたから、時間を割くのが難しい時でもあり、煩わしくもある日々でした。


健診を受けるのは、在職中であれ退職後であれ、時間と金がかかるのですが、それ以上に結果が分かるまでの精神的な負担が大きいものです。なんでお金を出してわざわざ苦しむようなことをするのかとうんざりすることになります。それでも結果ＯＫの時には気分爽快です。結果が出ると向こう一年間は安心することにしています。

私にとっての最大関心事はガンです。その他の病気もあり得るのですが、ガンは別種ととらえています。もしガンが見つかれば、人生設計を変えようと思っています。健診を受けても受けなくても病気が発生するかしないかとは無関係です。ただ、病気が分かればそれをベースにしてその後の人生の過ごし方を考える大きな要素を入手したことになると思うのです。知らぬが仏を決め込んで、病気が分かればその時というのも一つの考え方ですが、私は早期発見を希望します。

心配性なのでしょう。特に十代後半から二十代前半にかけて、

「もっと丈夫で健康なからだであったらなあー」

と思ったものです。六十代になり、自分としては健康状態に満足がいくようになった今、この状況を大切に維持していきたいと願う訳ですが、もし黄色信号が点灯したとしても、その時点で最良の対処をしようと思っています。健診を受けることの煩わしさに打ち勝つ勇気を持たなければならないと、常々自分に言い聞かせるようにしています。

## 人間ウォッチングの趣味

私の趣味といえば何があげられるだろうかと思うことがある。会社をやめて、時間をどう過ごすかといった時にどんな趣味があるのかと思う。

六十二歳で退職したあと、元会社の同僚と会えば、あいさつ代わりに、

「暇やろ。どうしてる？」

と言われる。実は退職して半年経ち、一年が経っても、いっこうに暇にはならない。決してやせ我慢ではないのですが、本当に毎日もう一時間か二時間あればいいのにと思うことがしばしばある。

金も稼がずに何かしているのであれば、それは一応趣味と定義してみる。ただし、家事の手伝いは趣味ではない。そんな趣味といえるものの中で退職後に減少したかなと思うのが「人間ウォッチング」である。それはどんなものかといえば、人物鑑定とよく似たものと定義してもいいかも知れない。会社勤めしていれば人に会うことは多いし、時々は初対面の人にも出くわすが、退職してみると新たに人と会うことは少なくなった。私のこの趣味を実践する機会が減ったのは残念であるが、まだ完全になくなったという訳ではない。

人間ウォッチングと名付けたが、本当は定義が難しい。人をみて、その人がどういう行動をとるのかを予想することがその大きな楽しみなのです。ある人を観察してその人物像を自分自身で作り上げ、その人がいろいろな場面でどんな行動をするのかを予測し、それがどの程度当たったのかの結果を見るのが非常に楽しい。

たとえていうならば、血液型にまつわる性格や行動の分類の観察と似通った部分があります。この血液型による分類は科学的根拠はありませんが、それなりに面白いですね。私のいう人間ウォッチングは、血液型と違って固定した分類ではありませんが、というよりは固定した種類に分けることができないほどいろいろなタイプがあると考えています。

事例を考えるのがいいですね。たとえば、有名人X氏はこんな本を読んでいましたとか、こんな人物を尊敬していたというようなことが私に分かったとします。そのことにより、私の好きな本とか尊敬していた人物などがX氏と共通項が多いと分かったとします。その時、私の好きな女性のタイプはX氏の好きな女性のタイプと一致することが多いのではないかと推定します。そして、それがズバリ当たれば、非常にうれしいのです。

「私も人をよくみている！」

と考えるのです。事実としてそういうケースもありました。

あるいは、ゴルフのことは分からないというかたには申し訳ないのですが、たとえとして述べてみます。日本のプロゴルフ界で一世を風靡した青木功選手と尾崎将司選手がいます。この両選手をテレビで観戦したり、雑誌を読んだりして大体の人物像を把握しました。二人はいろいろな意味で好対照です。ある時期私はアマゴルフの伝説的なチャンピオンである中部銀次郎氏(故人)の本を何冊か読みました。その人物像、ゴルフ哲学が分かってきました。そうすると、もし中部氏が青木選手と尾崎選手のどちらと親交がありそうかといえば、それを明確に推定できるようになりました。

会社勤めのころには仕事に関係していろいろな人と接しました。社内外で仕事に関係してこの人がどんな人物なのかを考えるのは楽しかったですね。初対面でかなりの確率でその人物を言い当てられたと思います。ですから、会社で新しく自分の上司になる人と初めて対面した時に、いやな上司だと思った時は最悪でした。いやな上司であると思ったことそのいやさ加減よりも、その上司と今後何年も職場でいっしょになることを瞬時に想像できたことに絶望的になりました。その判断が当たる確率が高かった訳ですから当然かも知れませんが、先が見えるのはいいことなのかどうなのかと、がっくり肩を落としました。

いい人物と仕事ができたり、付き合ったりするのはうれしいことです。自分の描いていた人物像と一致した時は格別です。次の行動が予測できますし、その行動自体が自分にとって好ましいことが多いですから、なんというか幸せを感じます。

一つ付け加えなければならないことは、人間ウォッチングでやや難しいと感じるのは女性ですね。異性はウォッチングする対象としては注意を要します。私の経験では、女性はどうしても恋愛感情がつきまといそうになることから、冷静な観察判断ができないと感じます。特に外見の美醜が頭を鈍らせることになります。

新しい人との出会いが少なくなったことは自分の趣味の狭まりに繋がりかねないことからも、退職後の残念なことがらの一つに数えなければなりません。この趣味を長続きさせたいのですが、さてどうでしょうか。

## 老兵は家事をするべし

私は六十二歳になって年金生活者となった。経済的な視点でいえば完全な無職である。退職したあと、勤務していた会社の人たちと時々会う機会があるが、

「暇だろう。やることないでしょう。どうしているのですか」

とよく言われる。私は自分では暇ではないと思っている。けれどもそれを会社の人たちに説明

するには時間を要しそうなので、

「暇かどうかは分からないが、やることがなくて困るということは全くない」

と答えるようにしている。

会社勤めでは、平日は朝八時前に自宅を出る。それでも八時三十分過ぎには会社に着く。会社を出るのは午後七時から八時で帰宅時間は通常は七時三十分から八時三十分だった。飲み会とか出張の時は別な時間スケジュールとなる。そういう時間を過ごしてきた人がいきなり仕事がなくなって、どう時間を使っているのでしょうか。ということで、家でそんなにやることがあるのでしょうかと疑問に思われるのも一理はあると思っている。

まず、土日は退職の数年前からほぼ同じ生活といえる。時間の過ごし方に大きな差はない。それでは平日はどうなのか。大きくいえば、家事と母親がいる実家への行き来と運動および机にむかう時間でかなりのところが埋まるのです。特に家事は、朝お茶を沸かすところから始まって、食器洗い、洗濯物の干し降ろし、室内の掃除、ゴミ出し、昼食の買い出しなどがある。これらの家事は毎日三時間はかかり、長いときは四時間近くといえる。歩いて片道二十分とからないが母親の実家に週二、三回行く。運動は散歩したり自転車で近場を回ったりする。

退職後の生活でいくつかの不安があったが、その中で大きかったのが家庭における自分の役割の軽重である。なにせ自分の名前での年金がわが家の主な収入源ではあるが、その収入はかつて私が働いたことにもとづく収入である。妻の現時点のアルバイト収入はいわば日銭に近いものであって、その収入の存在感はある。収入という意味では夫婦逆転といえないこともない。そうなると自分の家庭における存在感の低下をどうするのか。

私は退職後はある程度家事をやるつもりにしていた。在職中の土日と同じように、少なくとも時間的には妻と同じ程度には家事をこなしている。三人家族のわが家のもう一人である高校生の長男もそのことは認め始めている様子である。妻からは「家にいないでほしい」などとは言われずに済んでいて、粗大ゴミとも思われていない。

妻がアルバイトとはいえ稼いでくれている。正直いって、自分にはその負い目があるはずだ。そうではあるが自分には家事という役割があり、家庭における「戦力」になっている。そう思えるのであればそれで充分ではないか。一世代前と違って今や夫婦で家事を分担し合う時代である。今後もそれは続くし、より夫の家事負担の割合が増えてくると思う。私の場合、将来妻がアルバイトをやめて夫婦が仕事から離れた時も家事の分担は必要なはずです。半々であればそれで文句なしと思っています。

退職した男性諸氏、いってみれば老兵のみなさん、家事でもしないと「暇になる」のではないですか。家事が仕事のようなものと考えればすっきりします。私は家事が気持ちよく退職後の生活をするためのベースになると考えています。老兵は家事をするべし、と自分に言い聞かせています。

# 第五章　国際人の時事・政治論

## 原発政策について

二〇一一年の東日本大震災は、まさに未曾有の災害をもたらしました。何を今更といわれるかも知れませんが、原発からの放射能の恐ろしさを認識したのであります。原発の安全神話を信じていた愚かな人の中に入っていた自分を恥ずかしく思いました。その一方で、その後日本で原発が稼働しなくても日本の電力は賄えるという経験をしたことに、光明を見いだしたのです。

原発なしで日本のエネルギーを賄うかどうかは、政治的に右か左かということではありません。なぜ原発をなくすべきかという理由はいろいろなものが考えられるでしょうが、私の主張ですが、第一優先順位で考慮しなければならないのは、戦争やテロ行為などにより爆弾その他で原発が破壊され、それによる放射能汚染リスクがあるということです。万一にも原発が破壊されれば、福島第一原発と同じようなことが起こると想像します。地震や津波で破壊されなくても、爆弾で破壊されます。

日本は非武装だと頑張っていたとしても、それは同じです。ある国のミサイルが原発を狙っても狙わなくても、原発が破壊される可能性があります。あるいは本当に過酷事故もあるかも知れません。旅客機が原発に事故で突っ込めばどうなるのでしょうか。

自衛隊にお金を使います。なぜですか。日本を守るためだといえます。では原発をなくそうとするのはなぜですか。これも日本を守るためなのです。日本の原発政策ないしはその原発反対運動の中で、いつも欠落ないし大きく指摘されなかったのが、この軍事的観点からの方針です。あるいはこの種の議論は恐ろしすぎて避けていたのでしょうか。

当たり前のことを繰り返させてください。原発は事故なくいけばそれはいいエネルギー源でしょう。一面で環境にやさしい。コストも安くできるかも知れません。(コストについては諸説あり。)ところが、いったん事故が起これば福島第一原発のようなことになります。このようなことを二度と起こしてはならないのです。そして、原発がなくなれば、二度と同じような悲劇は起こらないのです。もちろん、廃炉や核のゴミの問題も残っていますが。

私は原発の即時廃止のための国民投票があれば、賛成票を投じます。

## 森元首相と浅田真央選手

二〇二〇年の東京オリンピック・パラリンピックに関連して新国立競技場の建設問題がクローズアップされました。その時に森元首相がまたマスコミに登場しました。オリンピック・パラリンピックの組織委員長の要職にある訳で、この建設問題と共に森元首相の注目度が大きくなったということです。そもそも森元首相のスポーツ好きということからくる話題ではあるのですが、私の場合は、これに関連して忘れかけていた浅田真央選手のことを思い出しました。

森元首相はことオリンピックについていえば、運が悪いといってしまえばそれまでなのですが、それだけで片付けていいものかどうか。私にはいくつかの疑問点が浮かび上がってくるのです。元首相としては人が良すぎるということもあるのでしょうが、それだけでいろんな問題が起こったとは言い切れないものがありそうで、敢えて私が集約するならば、日本のマスコミというか日本人全体が政治家をこき下ろすことが好きなのではないかと思えてくるのです。政治家に対する「尊敬の念」がないことが基本的な原因と結論づけたいくらいです。

いったい森元首相と浅田真央選手のどちらが「上」だと思っているのでしょうか。仮にも日本の首相を務めた経験のある人とひとりのスポーツ選手です。私は、比較する価値もないことだと思います。浅田真央選手は記者会見で、

「森さんのことなんか気にしていません」

としゃべっていました。いったい浅田真央選手はどれだけ偉い人なんですかと言いたい。単なるオリンピック選手で、しかも六位になった人です（その四年前のオリンピックでは銀メダル）。国民的な人気はありますね。これは私も認めます。しかし、その人気のベースとなっているフィギュアスケートで、直前のソチ・オリンピックでは六位でしかありません。

「肝心な時に弱いのだから」

などと言った森元首相は運がなかった。そのコメントについて、私は決して浅田真央選手をけなしたことばとは思いませんし、むしろ激励の意味が込められた普通のことばだと思います。たとえば、小学校の運動会で自分の子どもが徒競走で、いつもであれば一位間違いなしであるのに、ミスをして三位になったとしましょう。親は子どもに、

「肝心な時に弱いのだから」

と言うこともあります。決して愛情のないことばではありません。このことばには、たとえば、

「次のクラス対抗リレーは頑張ってね」

という気持ちが込められていても不思議ではありません。

浅田真央選手もどうかしていますが、それを取り上げるマスコミもどうかしています。それを支持している日本人の多くにも賛成しかねます。

私だったら、浅田真央選手にこんな感じで言ってほしかった。

「元首相の森さんのような偉い方に私の演技を見ていただき光栄です。オリンピックの晴れ舞台で心の弱さからミスをして、ご期待に応えることができませんでした。次のフリーでは気持ちを新たにします。引き続きご声援をいただければ励みになります。また精進して頑張ります」

日本人は政治家に対する「尊敬の念」があまりないですね。大臣、国会議員、地方の首長、地方議員は選挙によって選ばれた人です。自分が好きであろうと嫌いであろうと選挙によって選ばれた人に対するある一定の「偉さ」を感じなければならないでしょう。自民党支持者が共産党議員をののしるのは勝手です。しかし、その議員もまた「議員先生」であることを忘れてはいけないでしょう。逆に共産党支持者が自民党議員に対する時も同じであってしかるべきです。

およそマスコミにちやほやされる人は自分自身が分かっていない。芸能人であれ、スポーツ選手であれ、文化人であれ、その分野では一流であっても、それ以外ではただの人であると思ったほうがいいでしょう。私にとって、

「森さんの言うことなんかは気にしていません」
ということは、とても思いつくようなことばではないのです。

## 選挙と任期満了の政治哲学

私は大阪市の住民でありますので、二〇一五年五月十七日の「大阪都構想」の住民投票に参加できました。この住民投票については考えさせられたのですが、これを提起して提案した橋下徹市長の政治行動から、今までの政治家にはなかった新しい考え方を見つけ出したのです。橋下市長および維新の会についてはさまざまな評価があるものの、選挙（住民投票を含む）の本質のとらえ方については、私は橋下市長に大いに共鳴します。

橋下市長は選挙により任期四年が与えられたのであれば、選挙民からその職に係わる権限を任されたものと解釈するべきであって、また選挙民はそれを了解している、という関係の成立を強く意識し、実際の政治行動もこの関係をベースに進めていると考えられます。橋下市長のことばで言えば、極論すれば「独裁ないし独裁的」ということです。今までにない新しい考え方を実践している政治家だといえます。橋下市長はよく次のようなことを言います。私のやり方が悪いのであれば、次の選挙で私を落としてくださいと。このことばの本質的な意味は、次の選挙までは私に任せてもらいますよ、ということなのです。

橋下市長は選挙時に想定していなかった大きな政治決定があれば、その都度選挙（投票）によって信任されているかどうかをチェックします。任期途中における二〇一四年の春に自ら辞職して、再度選挙に立候補し、当選して信任を得ています。

橋下市長が住民投票で負けてもなお政治力を保っているのは、その政治思想や信条とは別に、政治の進め方やプロセスが今までの日本の政治家になかったものであることに大きな要因があると考えます。この斬新ともいえる政治手法が多くの選挙民の心を捉えているとみています。

考えてみれば、私は日本の政治に若干の不満をもっていると自問自答することがあります。若干という意味は、政治というのはこんなものだろうし、あまり高望みをしても仕方ないレベルということです。また、諸外国と比べてそれほど見劣りするものではないと思っているからです。ただし、改良・改革しなければならないことがそれなりにあるとも思っています。

日本の政治、特に国政で一番問題とすべきことは、選挙が多すぎることと、かつ不規則に行われることだと考えています。国政でいえば、衆参両院の選挙があるため、平均すれば、一年半に一回国政レベルの選挙があり、かつ衆議院の解散があり、いつ選挙があるか分からないということです。こんなに選挙があれば、政党や議員は選挙準備のために膨大なエネルギーを費やさざるを得ません。

更に総理大臣を含む国務大臣の任期が不安定です。本来は不安定ではないのに不安定にさせてきている政治の歴史です。大臣が一年や一年半で代わってどうするのでしょうか。大臣の身分を守るための憲法規定が泣きます。憲法をすんなり読めば、総理大臣ほか大臣は衆議院の総選挙から次の総選挙までと理解します。かつ解散総選挙を慎むべきと考えれば、総理大臣はじめその他の大臣の任期は四年とするのが憲法の精神です。

橋下市長はこの憲法の精神を地方公共団体の首長に生かしていると理解しています。首長の任期に関しては強い権限が与えられています。もちろん住民の直接選挙を経ているからです。そして、その任期四年は自分に任せてくださいというのが、そのベースにあります。極論すれば白紙委任状をください、ということです。

橋下市長のすばらしいところがそれであり、その任期権限をフルに活用しています。いいことです。ところが、それに反対する人も多いのです。日本の選挙民の多くは、国政システムに慣れていて、すぐに解散・選挙を望んでしまいます。総理大臣・内閣はすぐに交代する。総選挙して一年も経たない間に、支持率が三〇%を切った内閣は倒してすぐに選挙しろ、内閣を交代しろ、などと言います。日頃は憲法を守れと声高らかに叫んでいる人たちも、解散総選挙を熱望します。

総選挙では衆議院議員の任期が四年であることを忘れないことです。原則として四年間は衆議院の選挙はありません。憲法の精神です。内閣の解散権については諸説あることも承知しますが、不信任されれば、内閣総辞職が本則というのが憲法規定です。逆に不信任されない限り、解散できないと解釈します。歴代の与野党・内閣ともにそんなに簡単に解散総選挙を許していた責任はありますが、選挙民もいけません。

一方で橋下市長の限界というものもあると思うのです。日本の選挙民の意識レベルが、憲法はじめ政治制度の法令を充分に消化できていない程度であることが原因としてあげられます。日本の選挙民は、選挙はしたけれど当選した人に任せた訳ではないということに慣れきっています。戦後の六十数年は、本来は衆議院総選挙の結果を踏まえて総理大臣を選ぶべき（憲法の規定では、総選挙の直後の国会で、内閣総辞職して総理大臣を指名する。）であるのに、その都度の政治情勢により総理大臣・国務大臣がころころと交代します。一つの比較ではありますが、西側サミット諸国の首脳の平均在任期間はどのくらいでしょうか。たとえば、サミット会議の始まった一九七五年から二〇一五年の四十一年間の各国首脳の数を計算すれば、米国は九七名、英国七名、フランス五名、ドイツ四名、イタリア十八名、カナダ（一九七六年から）は九名、日本二十二名です。イタリアを除けば、日本の数字は際立っています。

日本の地方公共団体における首長はその任期が実質的には保証されていて、それを最大限活用しようとする橋下市長の政治手法は、かれの行動力とともにすばらしいものがあると思います。その一方で、日本の有権者はその権限を抑制しようという趣旨なのか、はたまた有権者の移り気によるものなのか、早く次の人、次の選挙を求めようとする傾向が強い。

いずれにしても、選挙民と選ばれた人との委任関係を考えさせる橋下市長の政治手法は日本の政治制度に大きなインパクトを与えたと思います。

## 選挙における民意反映と政権交代の考え方

日本国憲法はその前文において、

「日本国民は、正当に選挙された国会における代表者を通じて行動し…」

と述べています。私は「正当に選挙された」とはどういうことかと考えてみたいのです。

本日衆議院の議員定数改正の六増六減なる案の衆議院委員会での採決が行われたとのこと

です。お茶を濁すとはよくいったもので、この小手先の案でとりあえずは進めて、二〇二〇年の国勢調査を踏まえた定数是正(アダムズ方式に近いもの)を行うとの付帯決議をつける改正案ということのようです。選挙制度と政権交代という観点から私なりの意見を整理してみます。

もちろん今回のこの定数是正も重要というのは当たり前ですが、人口比例を最大限尊重して定数を決めてもらいたい。そして政権ないし政権交代という観点から、参議院ではなく衆議院のことを中心にして議論してみたい。

日本の場合、第二次大戦後の現在の選挙制度になってからほとんどの期間は自民党ないしこれに係わる政党が政権を担ってきました。小選挙区制(比例代表並立ですが)になってから、第一党が非自民党になった時期が本格的な民主党(を中心とした)政権でした。約三年間続いたあとにまた自民党中心の政権ができました。その時いつも議論になるのが、小選挙区で全国合わせて五〇%はおろか四〇%前後の得票数しかない政党が小選挙区の議席合計の六〇%以上の議席を得ることです。

私はそれでもいいと思います。逆に現在の与党第一党である自民党に替わって民進党が四〇%程度でも比較第一党になった時は、その政権を担うことができるし、得票が五〇%未満であっても過半数を大きく上回る議席を得ても問題はないのであって、当然だとも考えます。というか、政権交代が常々行われるというのが、前提条件となっている議院内閣制であり、選挙制度と理解します。政権交代がほとんど行われないようでは、今の小選挙区を軸とした選挙制度は意味がないといっても過言ではないのです。

もし、何回かの選挙でX政党が平均して四〇%前後、Y政党が三五%前後の得票があるなら、二十年間で十四年、Y政党が六年くらい政権を担当してもいいのではないか。別に数値を厳密に把握する必要はありません。要するに三回の選挙で二回はX政党が、一回はY政党が政権を担えばいいと思うのです。

日本において一九五〇年代半ばから一九九〇年代初めまでの自民党と(日本)社会党の与野党固定化の時代は政策議論を不毛なものとさせました。片や万年与党、こなた万年野党第一党で現実離れした議論の応酬で終始しました。

本当の意味で非自民党の民主党内閣が二〇〇九年に誕生したものの、三年で崩壊しました。あまりにも未熟な与党であり、内閣でした。それでも非自民党へ投票していた有権者の声を自民党内閣よりは代弁したでしょう。何十年も非自民党に投票してきた有権者にとっては、価値ある期間であったはずです。そのあとの今の自民党中心の内閣はそれを支持して投票した有権者の声をより強く反映するでしょう。私はそれでいいと思うのです。次の総選挙なのかその次のことなのか、また与党が交代すればいいと思っています。日本の政治は劣っているとよくいわれますが、その要因の大きなものは、政権交代があまりにも少なすぎることに起因するのです。

いわゆる先進国の選挙制度も各国各様です。G7のうち、米国では大統領権限の大きい制度ですが、下院議員は小選挙区で選出です。英国では基本的には日本とよく似た議院内閣制ですが、議員選挙は完全な小選挙区制です。ドイツは大統領権限は小さく、実質議院内閣制ですが、選挙は比例中心です。ただし、得票率五%未満の政党は議席を得られない小政党排除です。フランスはやや米国に近いものの、小選挙区ですが独特の二回投票制で少数政党も活躍の場があります。いずれにしても各国とも政権はよく交代します。

私は、日本において政権交代があまりにも少ないことに疑問を持ちます。有権者はもっと勇気を持って野党に投票してもいいのではないかと思います。次に民進党など野党が政権をとれば、その次は自民党が政権をとるのがいいと思っています。私はかなり右の政党とかなり左の政党以外であれば、政権をとってもいいかなという考えです。

私自身の投票行動でいえば、最近は自分の投票する判断基準を、各政党の具体的な政策案をベースにするのがいいと考えるようになりました。今でいえば、たとえば安保法制ですね。私はこれには賛成です。消費税増税ですが、私は賛成です。近い将来もう少し上げるべきだと思います。(少なくとも一五%程度までは必要。)原発は即時停止で、速やかに廃炉廃棄することに賛成です。こんな主張をしている政党はありません。したがって、その都度の選挙における重要と思われる争点に関する政策の違いを重視して投票するようにしています。

支持政党に重きを置いて投票することはそれも一つの考え方ですが、その都度の重要施策・政策を優先して投票することがより大事だと思っています。最近特に考えるのですが、勇気を持ってその都度野党に投票するというのも一つの考え方だと思えるようになってきました。

## 報道番組の政治的公平について

二〇一六年五月十七日付の毎日新聞の記事の中に、次のような趣旨のものがありました。

要するに、二〇一六年四月からのテレビ番組の改編のなかで、各局の報道番組はガラリと趣を変えた。放送法四条に記された「政治的公平」を盾に取ったテレビ局への政治的介入も取りざたされる昨今、あなたの評価は――と読者に問いを投げかけている。

報道番組の改編で特に大きくいわれているのが、テレビ朝日の「報道ステーション」とNHKの「クローズアップ現代」のキャスター交代ではないでしょうか。テレビ朝日では現政権に批判的なキャスターの降板であり、NHKでも二十三年続いたキャスターの降板があり、二〇一四年七月の官房長官に問いただした番組などがその降板理由の一つとされています。私が日本の報道の自由について論じるなどという、大それたことを考えているのではありませんが、ただ日頃のマスコミについていろいろと思っていることがあります。

政治的公平ということばは、法の趣旨としては理解できそうな気がします。公平にしようというものですから、だれも反対することはできません。では、政治的公平とは具体的にはどういうことかといわれれば、それがまったく分かりません。現実に放送各局が政治的公平を法に則り遵守しているかどうかが問題になっているのですが、放送各局もそれを監督する総務省も公平を守っているか守っていないのか、その線引きをどうしているのでしょうか。

私にいわせれば、政治的公平というのは具体的に何のことか分からないのに、それを遵守せよということのほうが無理だということになります。できないことをせよというのですから、変な法律ですね。

そんなことよりも本当に問題とするべきは何なのでしょうか。単に政府を批判することやある政治的勢力に加担したり非難したりすることが問題になっているとは思えないのです。政府を批判することが「政治的公平」をないがしろにしているとは思えないのです。政府であってもその他の政治的勢力に対してであっても、批判することは政治的公平をおかすことにはならない。批判すべきは批判することこそ政治的公平を遵守することに他ならないと考えます。

重要なことは報道各局や報道する人がその政治的立場を明らかにして、その意見・主張をはっきりとさせることです。報道各局、各人の政治的主張を述べればいいのではないでしょうか。これが放送法に触れるとは考えられないのです。政府批判をしてその報道がストップされるようなことは問題外です。（総務大臣は放送法にもとづいて、政治的公平をおかす場合は報道停止もあり得るとか国会で答弁しているようですが。）

私が本当に危惧するのは、そういう政治的立場をはっきりさせないで、自分たちの主張を、あたかも政治的公平に沿った報道であると視聴者をごまかすことです。たとえば、テレビ朝日の報道番組で私が問題だと考えるのは、「政府批判」をしていること自体ではなく、自分たちが考える政治的勢力、現時点でいえば野党の主張の代弁をしていながら、それを政治的公平の立場に基づくものであるという報道姿勢です。端的にいえば、反自民であり親野党ということでしょう。反政府とか反権力という立場ではなく、単に反自民であるということです。現に今の自民党と公明党の連立内閣は批判していますが、その前の民主党中心の内閣の時はその批判は著しく小さなものだったと考えます。

テレビ朝日が政府批判であってもそれは報道の自由です。しかし、それは一貫してほしいですね。民進党中心の政府になっても政府批判はきっちりとしてほしい。これでないと政府・権力者はおごり高ぶってしまいます。そして権力の乱用を生みます。

報道する側はその批判精神を失わないでもらいたい。権力に迎合しないでほしい。これはNHKにしても当然だと思います。政治的公平というのは政治的独立といいかえてもいいと思います。NHKにしても政府・権力側に屈することのない報道を貫いてほしい。与党と野党が入れ替わったとしても、政治的独立を失ってはならないのです。

テレビ朝日では現野党(反自民)側の主張をずっと長く続けています。NHKは現与党(自民・公明)に慣れきっています。テレビ局は政党ではないのです。政府や政党から独立した組織なのです。なぜもっと伸び伸びと自分たち報道局の思っていることを主張しないのでしょうか。そんなに権力側が怖いのでしょうか。それでは報道の自由をみずから捨てることになってしまいます。

私は、同じような政党が長く政権を続けることは日本の政治をだめにすると考えています。近年でいえば二〇〇九年九月選挙から民主党中心の政権が三年数か月ありました。消費税増税の法案成立を除けば、最近では最悪の政権であったと思います。しかし、これは国民が我慢しなければならないと思うのです。今の自民党中心の政権が長く続けば、その「最悪」であった民主党中心の政権よりも悪い政権ができるのではないかと思います。

私は民主党政権が誕生する少し前に思っていたのは、自民党にとっていいのは次の選挙で負けて民主党中心の政権にさせることでした。なぜだと思われるかも知れませんが、一度民主党に政権運営をさせることで、いかに自民党が民主党より政権担当能力があるかということを示すことができるからです。三年経過して自民党の政権に戻ってからは「一強」状態です。というよりは民主党支持の激減です。

報道の「政治的公平」の問題はかなりのところ、政権交代によって解決されるのではないでしょうか。もちろんこのために政権交代するのがいいという意味ではありません。私の思うところは、日本国憲法も議会制民主主義も政権交代を前提としたものであるということです。「政治的公平」などは政権交代が何度もあれば、日本の社会全般できっちり理解できるものです。たとえていえば、「いい政治をやりましょう！」というスローガンと大きな差はないと思うのです。いい政治をやろうと言えば、だれも反対する人はいません。ただ、そのいい政治とはどのようなものかが分からないのです。これはいい政治でこれは悪い政治ですなどと法律で具体的に規定できるのなら教えてほしい。

テレビの新しい報道番組では報道の自由、広い意味での言論の自由を謳歌してほしいと思うのです。

## 選挙の争点、消費税

選挙について考えさせられることが多い。退職して少なくとも会社や仕事のことを考える必要がなくなった分だけは時間的余裕ができたからでしょう。いや、家事が毎日数時間もあるので、時間的余裕といってもその家事の数時間はマイナスする必要はあるのですが。

それはそうとしても、政治や選挙のことに一段関心が高まっている今回の参議院議員選挙で、その争点について大いなる疑問を持った次第であります。消費税についてです。そもそも今回の参議院の選挙では消費税の扱いが重要なポイントであったはずです。現行法律では二〇一七年四月に八%から一〇%にアップすることになっている。

本来はその一年半前の二〇一五年十月から一〇%とすることになっていたが、一年半延期していたのです。それを更に二年半延期するというのです。トータル四年の延期となります。諸説あるのですが、この二%で一年間に五兆円から五兆五千億円程度の税収減といったところでしょうか。

この再延期そのものについては賛否いろいろとあるし、そのことをとやかくいってもあまり意味がないと思っています。首相がそう決定したのであり、今更覆らないでしょうから。（もちろん、手続き的には現行法律の修正を行うことにより再延期する。）ただ、私が特に問題だと思うのは消費税に係わる主要政党の主張です。すべての党が再延期に賛成ということです。当然ながら今回の選挙の争点にはならないのです。これでいいのでしょうか。

世論調査の結果にもいろいろありますが、消費税の再延期に関しては大まかにいって、再延期賛成が六割で、反対が三割、その他が一割ということのようです。要するに三人に一人は再延期に反対といえるでしょう。逆にいえば、増税分が年間で五兆円から五兆五千億円といわれている訳ですから、国の全税収（せいぜい六十兆円前後）の一割近くの増税をやむを得ないものとして容認しようとしている国民が三人に一人いるのです。にもかかわらず、主要政党全部が再延期に賛成して選挙の争点にもならないのです。一体この国の政治や選挙は国民の意見をどう反映し、吸収しようとしているのでしょうか。

極論すれば税金を一割近く上げることを判断するというのは非常に大きな判断です。しかも三人に一人はそれを容認しようとしている。この三人に一人の意見は全く反映されないのではないのでしょうか。政党はその役割を放棄しているのです。国民の多く（半分以上）が賛成する主張に主要なすべての政党が賛成する。なぜ消費税を予定通り一〇％にしましょうという政党が出てこないのでしょうか。

四年前の自民、民主（民進）、公明の三党合意による一〇％への増税をこんなに簡単に放棄（延期ですが）してよいのでしょうか。国民への迎合でありポピュリズムの最たるものです。全政党の与党化です。国民は一体どの政党にどう投票すればいいのでしょうか。

安保法制問題も大切でしょう。憲法の問題もそうでしょう。しかし、国民の税金を一割近くも上げるかどうかという重大課題について、かつ再延期反対の人が三人に一人いる中で、それを主張する主要政党が一つもないこと自体が日本の政治や選挙の特殊性・異常性を示していると思います。ほんとうに情けない選挙だと思います。

## 関電の株主総会に出席して

二〇一六年六月二十八日の関電の株主総会に出席しました。私自身は二十数年前に関電株を買って安定的な配当を考えていたことを記憶しています。ただし、福島の原発事故以降は様変わりです。株価は下落するし、この三月期まで連続四年の無配である。いや、株主総会での議決権が数個しかない自分にとってはお金のことは微々たることであって、配当や株価のことを考えても、株主総会に出席することがそれほど値打ちのあるものとも思えない。しかし、この際は電力や原発のことを考えるいい機会であると思ったのです。

当日午前十時に始まって午後一時四十五分ごろに終了した株主総会で、私自身が考え直したことは、電力エネルギーや原発稼働というのは突き詰めれば、一私企業の問題ではなく、国の問題ではなかろうかということです。

株主総会では予想通り原発反対の発言者が多かったし、予想通りにこれら発言者たちによる提案は多数を占める会社側（経営者側）によって全て否決された。その原発反対者の中には出資比率九・四％の筆頭大株主である大阪市が含まれている。吉村大阪市長自らが発言していた。京都市長からも同趣旨の発言であった。私もこれら「株主提案」に賛成でした。

確かに株主総会は茶番劇でしょう。予め結果は予想されているし、会社側のシナリオ通りに運んだはずです。しかし、そうであったにしてもむなしいものが残るのではないでしょうか。原発反対者ではなく会社側の中にです。

原発反対者はある意味でその意見をぶつけるだけで、その意図は貫徹した。あとは会社側が好きなようにやってくださいということです。会社側は自分たちのシナリオ通りに進めたので、今後もまた新たなシナリオを用意しなければならない。これは限りなく重い課題です。

経営者の中で本当に原発を推進したいと思っている人がどれだけいるのでしょうか。できればストップしたいと思っている人もいるのではないですか。関電の経営者の中には、国が原発ストップと言ってくれたほうがよほど気が楽だと思っている人もいるはずです。現に関電は五年前まで発電量の五〇％近くを原発に依存していたが、原発ゼロでも二年にわたり関西一円の電力供給はできた実績も持っている。なぜ原発の再稼働に固執しなければならないのか。

経営者は原発をストップしたままでは、電気料金のアップや収益の悪化が不可避だと考えているのでしょう。しかし、原発に過酷事故が発生すれば、ことの大きさは福島原発の事故で充分に理解できるはずである。確かに収益や費用のことは関電自体で処理できると思うが、過酷事故の場合は一地域の問題ではなくなる。はたして関電がそんなことに対応できるのか。責任を負えるのか。吉村大阪市長の言う通り「琵琶湖が放射能汚染に巻き込まれれば、関西終了！」なのだと思う。大阪府ほかこの地域一千五百万人の水瓶ですから。

原発の怖さは地震や津波による事故だけではありません。特に私が強調したいのは、テロや戦争行為による原発の占領や破壊です。このことは関電以外の日本国中にある原発に対してもいえます。テロリストはいつやってくるかは分かりません。テロ対策は充分ですか。ミサイル爆弾が原発やその付近にやってくればどうなるのか。原発が爆弾で破壊されれば、広島型原子爆弾の何倍の放射能が蔓延するのでしょうか。これを想定外とするのでしょうか。

要するに一私企業の問題ではなくて、国の問題としなければならないのです。今は国というか政府は原発の再稼働を推進している。これをストップさせるには政権交代しかないように見えます。旧民主党政権が続いていたなら、あるいはストップも可能だったかも知れません。それも、かも知れないという程度になりそうですが。もう一度原発の過酷事故が発生するまで、再稼働は続くのでしょうか。残念ながら絶望的になってしまうのです。

それでも、関電の株主総会の際に考えたことがあります。国が原発の再稼働推進の政策をストップしなくても何か可能性はないのか。夢物語ですが、こんなたとえはどうでしょうか。交通信号は青赤黄の三色です。青は前に進め、赤はストップ、黄色は注意と分けてみましょう。ここで問題としたいのは青と赤です。青は前に進めではなく、進んでもいいと解釈されます。青であっても横断歩道を進まなくても法令違反ではありません。赤の場合は、横断してはだめなのです。この違いを理解しましょう。

もし、法令で再稼働を実質的に禁止すれば、再稼働自体が法令違反となります。赤信号なら、関電が再稼働することは法令違反です。今現在は実質的に国は原発の再稼働を推進しています。つまり青信号を出しているのですが、国が原発の再稼働を強制しているのではありません。関電は選択肢を持っていて、再稼働してもいいし、再稼働しなくてもいいのです。

私は株主総会の会場の壇上にいた関電の会長、社長以下の取締役のみなさんの顔を何度か見ました。この方たちは原発停止や廃炉に向かった決定権を持っているのだと何度か凝視しました。自分たちが原発再稼働というような、国が決定すべき事項についての決定ができてしまうということに恐れおののいてほしいのです。国が強制力を持って再稼働させるのであればともかく、売上高三兆二千億円、使用人三万三千人の一私企業であれば、取締役会で「自分たちには原発を再稼働させるといったような大きな決定はできません」と言ってほしいのです。

私は二〇一一年三月十一日のあのおぞましい原発事故が起こるまでは原発の安全神話を信じていた愚か者でした。原発反対は一部政治的に左の人たちが唱えている、政治スローガンと思っていました。今や決してそうではありません。これには政治的に右も左もありません。関電の株主総会は改めて自分の原発に対する考え方を問い直した機会となりました。

## 英国の国民投票

英国のEU離脱の賛否を問う国民投票の熱気がさめやらない。もうそろそろ落ち着くのではと思っているが、一週間程度ではだめなのでしょうか。特に残留派にとっては諦めるに諦めきれないといった感じなのでしょう。日本では多数派は残留支持ということになっている。離脱を支持する人は世の中、とりわけ経済的なことの分かっていない国際感覚のない人とレッテルを貼られかねない状況のようです。

私は離脱派に勝ってほしかったので、その意味では投票結果には満足です。逆に振り返ってみて、終盤になって離脱派が優勢との世論調査のあと、残留派の下院議員が殺害されたあとに残留派が一―二%優位に立った時にだめかと思ったし、最終盤では各世論調査会社で結果が分かれるほど拮抗した情勢であったので、はらはらしたものです。

英国のことですし、日本人の私がとやかく言うのもどうかと思いながら、日本や日本人のことについて言うのなら許してもらえるかと考えました。大きく言って二つのことが私には不思議に思えるのです。

第一は、新聞やテレビでの論調では離脱派が勝ったことに驚いているというのが圧倒的でした。最後は残留派が勝つと思っていたという意見が大勢でした。私は、新聞やテレビがこのような論調を張っていることに驚いたのです。前日ないしは直前の世論調査で賛否が拮抗しているという投票であれば、どちらが勝ってもおかしくないではないですか。なぜその投票結果に驚くのですか。おそらくは各種世論調査の平均をとれば、投票前日では両方とも五〇%プラスマイナス二%程度ではなかったのでしょうか。それを踏まえれば、どうして残留派が勝つはずだと考えたのでしょうか。どんな理由を述べられるのか、非常に興味があります。

第二は、離脱派が勝ったことに不満であるとの論調がこれまた圧倒的に多いことです。まるで残留派が正義であり、離脱派が悪であるといわんばかりです。英国国民の五一・九％が離脱に賛成し、四八・一％が残留に賛成したことをなぜ素直に受け入れないのでしょうか。

残留派の主張では、離脱は日本の経済に悪影響を与える、その他好ましくない影響が多いということのようです。いったい日本にとって何が重要なことなのでしょうか。残留であれ、離脱であれ、どちらの結果になっても、それぞれの対応の仕方を考えることなのではないですか。そしてこれは残留派ではなく離脱派の主張者であったとしても、本来はその時の対応策が検討されているべきです。私は、自分の意見が通らなかったらあとは知らない、という変な日本人根性はないでしょうねと念押ししたいのです。

もちろん、英国内でも国民投票のやり直しを求める声が四百万人いるなどともいわれています。英国議会が国民投票の結果を承認しなければ、国民投票は無効などといった暴論も一部でささやかれています。しかし英国はそんなばかなことはしない。国民投票のやり直しとか、議会での不承認など国を大混乱に陥れるようなことをやるはずなどありません。

投票後のこの一週間を見ていると、日本というか日本人というか、私にとって嫌だなあと感じる日本人気質のようなものを見せつけられた感じがするのです。自分が支持しているなり勝ってほしいと思うグループが負けた場合のことを想定しない、あるいは想定しようとしない。

投票結果に対して驚いたと思った人の、驚いた原因の中の何割かはそういう「希望的願望」が大きすぎることではないでしょうか。

そしてより本質的に重大だと考えるのは、日本人はある決定に対して真摯に受け入れるという考え方が希薄なのではないかとさえ思えることです。日本国憲法の冒頭、前文の最初の文言は、「日本国民は、正当に選挙された国会における代表者を通じて行動し…」であります。選挙すなわち投票です。投票の結果を尊重しなければ民主主義を自らの手でつぶしていくことになります。

もう一回国民投票すれば残留派が勝つはずだなどと主張する人もいるでしょう。それなら何回やればいいですか。三番勝負で二回勝てばいいのですか。いや五番勝負で三回勝てばいいのですか。あとでルールを決めてはいけません。自分は反対の投票をしたので、そんなの認められないという主張もナンセンスです。

英国の人々はそんなことはしないのです。（もちろん少数の人はそんな考えを持っていることは否定しませんが。）責任ある人は投票の結果を厳粛に受け止めます。キャメロン首相は選挙の結果の受け入れしか発言しません。当然のことです。投票そのものの有効性や正当性を少しでも傷つけるようなことは言いません。まさに神のお告げのごとく扱うでしょう。極めて自然であります。われわれ日本人も肝に銘じたいものです。

## 都知事辞職から見えるもの

今朝は非常にがっかりしました。今から一時間も経たない前です。舛添都知事が辞職の意向を固めたとの速報をテレビで見ました。私は肩を落とすとともに怒りがこみ上げてきたのです。なぜ不信任案可決まで待てなかったのか。そして都議会の解散を決断しなかったのか。この熱い感情の中で私の思いを述べます。

公職とは一体何か。選挙された人とはどういう人なのか。そしてその人を選んだ人はどういう人なのか。そんなに軽々しく辞職していいものなのか。その辞職を許していいのですか。二年四か月前に選ばれた都知事はその任期を全うする義務があります。都議会は知事を不信任する権利はあります。しかし辞職させる権利はありません。

今般の都知事をめぐる「疑惑」といわれるものは一応法的には問題ないものとします。(これは私は法的問題ありと思いますが。)政治的なり道義的な責任があるといわれています。説明責任なるものを果たしていないというのが、辞職を迫る理由となっているようです。なるほどどうなのでしょうか。疑惑に関する説明責任が果たせないので辞職せよとの論理と思われます。

だれが「辞職せよ！」と言っているのですか。都民と言われるでしょうが、本当にそうなのですか。もし、圧倒的多数の都民が辞職せよと思っているとして、私は問いたい。

「冷静になって考えたらどうでしょう」

と。一時の感情論に押されていませんか。世論調査をして辞職せよと言っている人が九割あるとすれば、それこそ異常です。一時的なものとしか考えられません。

舛添都知事の行為が決していいことだとは思いません。否、まさに不適切なことでしょう。しかし問題はそれが辞職に値するかであります。私ははっきりと辞職に値しないと思います。

世にいうセンテンススプリングは売上げを伸ばすでしょう。マスコミはこれを報道することで視聴率を上げるでしょう。（私もテレビをよく見ました。）都議会における野党である民進党や共産党はこれぞ党勢拡大のチャンスと攻勢を強めます。与党である自民党や公明党も結局は都知事を後ろから刺して、参議院選挙での悪影響を食い止めようとしました。これって一体何ですか。都知事はさながら人民裁判にさらされたようなものです。都知事の不適切な行為はこの人民裁判でもって罪を償ったも同然と思いたいくらいです。都知事はピエロでしょう。私に言わせれば、ここに登場する人たちはほとんど自分のためにやっているだけで、都政のことは何にも考えていない。

いえいえ、ここで本当に悪いのはだれかを考えたい。それに乗っかる都民自身であると私は言いたい。（広く私を含む国民全体と考えてもいいでしょう。）なぜ都民が悪いんだと反論されるでしょう。この悪い知事を辞めさせようとしているではないか。都民のほとんどはそう考えていると言われるでしょう。私にはそのこと自体が恐ろしいのであります。

都民が選挙した知事を九割以上の人がやめさせたいというのは一体どういうことなのでしょう。知事の一連の「疑惑」を不適切だというのが九割以上だというのは私も分からないでもないです。いや、これは十割、百パーセントであっても当然だと思います。しかしそれがなぜ、知事を辞職させたいにつながるのですか。都民が選挙した知事でしょう。選挙した責任があります。悪いところがあればその悪いところを直させればいいではないですか。

「生まれ変わって頑張ります」

と言っているのだから、やらせてみようという人がなぜ一割にも満たないのでしょうか。

その理由は簡単です。九割以上の都民にとって辞職させることが自分にとって都合がいいからです。都民の多くの人が思っているのは、

「しまった！舛添はあんなセコイ人だったんだ。知らなかった」

という感情でしょう。そして、

「なぜあんな人を選んだのか」

という問いです。また、当初から舛添都知事に投票していない人は、

「私は最初から投票していない。すぐに辞めさせるべきだ」となるのです。

都民、いや投票者といったほうがいいのでしょうが、は自らのミスから生じる責任をすぐにでもなくしたい。自分の責任を隠すないしは忘れるために知事に辞職を迫るのでしょう。自分の投票者としての責任を充分に顧みることなくそうするのです。あるいは、落選した候補に投票した人は、選挙結果を認める（任期満了まで待つ）ことをせず、すぐに辞職させてあらたな選挙を望む訳です。

これは心理学の領域かも知れませんが、この投票者の行動様式こそ問題ではないでしょうか。選挙すなわち投票ということがこのように軽んじられる今の日本社会に警鐘をならすべきです。単なる一市民である私ですが、この点について日本人として非常に残念でなりません。選挙あるいは投票といってもいいのですが、その結果をなぜ受け入れようとしないのでしょうか。知事の場合は四年の任期があります。それは投票した人が守る必要があります。知事も任期を全うする義務があります。それを軽々しく任期途中で辞職せよと迫ることとか辞職することは許されてはならないことです。辞職するのであれば、少なくとも議会において不信任案が可決される必要があると思います。（もちろん、その場合には知事に議会を解散するという選択肢が生じます。）

日本人というのは自分の非を認めることや自分にとっていやな結果を認めることを非常にいやがります。（私もその中のひとりのはずですが。）今回の都知事問題でも、都知事自身も非を認めずに、法的には問題ないということで突き進めようとしました。不適切といわれるものに対する非を認めれば、違った展開になっていたかも知れません。（もちろんそうでなかったかも知れません。）そして都民有権者です。舛添都知事に投票した人もそうでなかった人も、今となっては選挙そのものを認めないことが自らに都合がいいわけです。舛添都知事に投票した人は、投票に関する自分の不勉強やミスを認めず、舛添が悪かったからだと主張します。舛添都知事に投票しなかった人は、認めたくない選挙結果をご破算にしてくれる辞職と次の選挙がめぐってくることで、選挙に対する自分の不満を解決しようとする。

私は敢えて言いたい。選挙や投票をもっと重要なものと認識することです。そして選挙された人には敬意を払うことです。私はあの人には投票していないので、あの人は認めていないなどは許されないことです。みんなが選挙した人はそれなりに偉い人なのです。そして選ばれた人は自身で選ばれた人としての自覚を認識し、責任を負うことです。

たとえが飛んでしまいますが、十年ほど前でしょうか、米国議会に大手自動車メーカーのCEO（最高経営責任者）たちがよばれて公聴会がありました。従業員十万人を超える会社のトップといえども、議員とのやりとりは「イエス・サー」と答えています。ホテルのボーイがゲストに言う「イエス・サー」と変わるところはありません。いや、もっとたとえましょう。世界の金融界に強大な権限を持つ米国の連邦準備制度理事会の議長(日本でいえば日銀総裁)も上院の公聴会では上院議員に対して「イエス・サー」と答えます。なぜですか。それは議員諸氏が選挙で選ばれた人たちであるからです。この選挙された人であることが唯一無二そして最大の理由であります。

私は、今回事ここに至っては、不信任案が可決されて都議会が解散されることに期待していました。都民自らが自分たちの投票行為に対する大いなる反省をする機会であったと思うのです。このような状況において都知事を辞職させることにどのような意味があるのでしょうか。今までの繰り返しに過ぎません。そこには民主的な選挙制度に対する日本国民(都民というよりは)のレベル向上、進歩は見られないと考えます。

テレビでは「遅きに失した」や「当然」という都民の声が聞こえました。昨日までは聞こえなかったのですが、

「もう少し頑張ってもらいたかったのですが」

もありました。都議会議員選挙という都民へのしっぺ返しはなくなりましたが、これにより都民が反省する機会を失ったことは、都民のみならず日本国民にとり不幸なことであり、私にと

っては残念でなりません。

　私は辞職の速報を目にしてがっくりしたあと、妻に、

「どいつもこいつも自分の利益しか考えないやつや。滋賀県の嘉田知事は偉かった。この人たちに政治を任しておいたらだめや、と言って自分で立候補したらしい。自分で立候補せなあかんのかなあ」

と言いました。妻は、

「タダやったら立候補もいいけど」

と言いました。私は、

「供託金何百万円というものがなかったら立候補したいところやけど」

と返しました。妻は重ねて、

「家で好きな英語の勉強でもしたら」

と言ってきました。私にとっては市民オンブズマンで無料奉仕するのが適任なのでしょうか。

　金もなければ政治的能力もない自分です。ましてやその意思もなければ立候補もあり得ません。そんなぼやきくらいが関の山というところというのが、わが家での結論らしきものです。

## 著者紹介

後山　茂（あとやま・しげる）

一九五二年、大阪市生まれ。一九七七年、神戸大学経営学部卒業。

一九七七年、旭化成工業（現旭化成）入社。主に繊維貿易部門で資材原料の輸出営業に従事。

特に一九七九年から一九九八年までの二十年間に欧米、アジアなど二十八か国、約七百日出張。

二〇〇〇年からグループの商事会社に出向して管理部門に従事。

二〇一四年、旭化成を退社し、現在は執筆に専心。

**脱サラ作家の国際人論**

2017年5月1日　初版発行

著　者　後山　茂

発　行　ふくろう出版
〒700-0035　岡山市北区高柳西町 1-23
友野印刷ビル
TEL：086-255-2181
FAX：086-255-6324
http://www.296.jp
e-mail：info@296.jp
振替　01310-8-95147

印刷・製本　友野印刷株式会社
ISBN978-4-86186-684-5 C0095